Christoph Rohde

AF239599

Integration von Nachhaltigkeitsaspekten in Prozesse des immobilienwirtschaftlichen Risikomanagements

Karlsruher Schriften zur
Bau-, Wohnungs- und Immobilienwirtschaft

Band 6

Herausgeber

Karlsruher Institut für Technologie
Lehrstuhl Ökonomie und Ökologie des Wohnungsbaus
Prof. Dr.-Ing. habil. Thomas Lützkendorf

Eine Übersicht über alle bisher in dieser Schriftenreihe erschienene Bände finden Sie am Ende des Buchs.

Integration von Nachhaltigkeitsaspekten in Prozesse des immobilienwirtschaftlichen Risikomanagements

von
Christoph Rohde

Dissertation, Karlsruher Institut für Technologie,
Fakultät für Wirtschaftswissenschaften 2011
Referent: Prof. Dr. Thomas Lützkendorf

Impressum

Karlsruher Institut für Technologie (KIT)
KIT Scientific Publishing
Straße am Forum 2
D-76131 Karlsruhe
www.ksp.kit.edu

KIT – Universität des Landes Baden-Württemberg und nationales
Forschungszentrum in der Helmholtz-Gemeinschaft

KIT Scientific Publishing 2012
Print on Demand

ISSN 1863-8694
ISBN 978-3-86644-733-2

Vorwort des Herausgebers

Die Reihe von Karlsruher Schriften zur Bau-, Wohnungs- und Immobilienwirtschaft wird vom Lehrstuhl Ökonomie und Ökologie des Wohnungsbaus an der wirtschaftswissenschaftlichen Fakultät des Karlsruher Instituts für Technologie (KIT) herausgegeben.

Die Schriftenreihe versteht sich als ein Medium zur Vorstellung von Ergebnissen der wissenschaftlichen Auseinandersetzung u.a. mit Fragen der Planung, Errichtung und Bewirtschaftung von Gebäuden, der Bewertung, Finanzierung und Versicherung von Immobilien, der dynamischen Entwicklung von Gebäudebeständen oder von Trends im Bedürfnisfeld Bauen und Wohnen. Durch die Beiträge soll die Weiterentwicklung von Grundlagen und Ansätzen u. a. der Integralen Planung, der Lebenszyklusanalyse, der Investitions- und Wirtschaftlichkeitsrechnung sowie der Umsetzung von Prinzipien einer nachhaltigen Entwicklung im Baubereich unterstützt und befördert werden.

Mit dem Band 6 wird die am Lehrstuhl entstandene und betreute Dissertationsschrift von Herrn Christoph Rohde zum Thema der Integration von Nachhaltigkeitsaspekten in Prozesse des immobilienwirtschaftlichen Risikomanagements vorgestellt. Die Arbeit setzt sich mit Fragen der Weiterentwicklung von Grundlagen und Methoden einer qualitativen Risikobewertung von Immobilien auseinander. Abgeleitet aus einer Analyse von Megatrends werden Themen und Ansätze herausgearbeitet, die bei der künftigen Identifikation, Analyse und Bewertung von Risiken zu einer stärkeren Beachtung und Integration von Nachhaltigkeitsaspekten führen sollen und können. Von besonderem Wert ist die Herstellung der Zusammenhänge zwischen neuen Herausforderungen und daraus resultierenden Risiken einerseits und den zugehörigen Merkmalen und Eigenschaften von Immobilien, mit denen hierauf zu reagieren ist, andererseits. Die Vorschläge im Zusammenhang mit der Regionalisierung und Dynamisierung der Ansätze sind geeignet, noch besser auf die Besonderheiten von Teilmärkten reagieren und auch durch die Analyse von Trends Aussagen zu einer mittel- bis längerfristigen Entwicklung machen zu können.

Die Arbeit leistet einen Beitrag zur Integration von Nachhaltigkeitsaspekte in Methoden, Instrumente und Abläufe der Immobilienwirtschaft und unterstützt die Weiterentwicklung des Risikomanagements. Sie bildet eine Grundlage für eine vertiefte Auseinandersetzung mit der Thematik und gibt wertvolle Hinweise, die auch für eine Weiterentwicklung von Ansätzen der Portfolioanalyse und des Portfoliomanagements unter Einbeziehung von Nachhaltigkeitsaspekten genutzt werden können.

Karlsruhe, im November 2011

Prof. Dr.-Ing. habil. Thomas Lützkendorf

Leiter des Lehrstuhls für Ökonomie und Ökologie des Wohnungsbaus

Vorwort

Das Thema Nachhaltigkeit hat sich im immobilienwirtschaftlichen Diskurs etabliert. Die am Markt agierenden Akteure integrieren das Thema Nachhaltigkeit auf unterschiedliche Weise und mit unterschiedlichen Zielsetzungen in ihre Prozesse.

Bisher kaum Beachtung findet das Thema in Zusammenhang mit Instrumenten zur Risikoanalyse und Risikobewertung von Gebäuden. Dieser Umstand überrascht insofern, dass Eigenschaften und Merkmale von Gebäuden mit direktem und indirektem Bezug zur Nachhaltigkeitsthematik u. a. Auskunft über die Angepasstheit eines Gebäudes an zukünftige Herausforderungen geben. Damit können Nachhaltigkeitsaspekte auch als Indikatoren zur Erstellung und Interpretation eines Gebäuderisikoprofils herangezogen werden.

Mit der vorliegenden Arbeit soll ein Beitrag geleistet werden, Prozesse des immobilienwirtschaftlichen Risikomanagements durch die Integration von Nachhaltigkeitsaspekten zukunftsfähig zu machen.

Zum Gelingen dieser Arbeit haben unterschiedliche Personen beigetragen, für deren Unterstützung ich mich recht herzlich bedanken möchte. Herrn Professor Lützkendorf gilt herausragender Dank für die Betreuung der Arbeit und das entgegengebrachte Vertrauen im Laufe meiner Tätigkeit am Lehrstuhl Ökologie und Ökonomie des Wohnungsbaus. Ebenfalls bedanken möchte ich mich bei der Korreferentin Frau Professor Werner für die hilfreichen Anregungen und die Unterstützung.

Besonders bedanken möchte ich mich auch bei Herrn Dr. Jaeger, Geschäftsführer der LBBW Immobilien Wohnen, und seinen Mitarbeitern, die das vom BMVBS geförderte Forschungsvorhaben ImmoWert als Praxispartner begleitet haben, auf dem die Arbeit in Teilen basiert.

Dank gilt auch meinen Kollegen am Lehrstuhl für die Unterstützung und die angenehme Zusammenarbeit. Nicht zuletzt danke ich meiner Familie für die vielfältige Unterstützung

Sternenfels im November 2011

Christoph Rohde

Inhaltsverzeichnis

Abbildungsverzeichnis

Tabellenverzeichnis

Abkürzungsverzeichnis

AG	Aktiengesellschaft
AP	Versauerungspotenzial
APUG	Das Aktionsprogramm Umwelt und Gesundheit
BaFin	Bundesanstalt für Finanzdienstleistungsaufsicht
BBR	Bundesamt für Bauwesen und Raumordnung
BelWertV	Beleihungswertermittlungsverordnung
BMAS	Bundesministerium für Arbeit und Soziales
BMBF	Bundesministerium für Bildung und Forschung
BMU	Bundesministerium für Umwelt, Naturschutz und Reaktorsicherheit
BMVBS	Bundesministerium für Verkehr, Bau und Stadtentwicklung
BMWi	Bundesministerium für Wirtschaft und Technologie
CCRS	Zentrum für nachhaltige Unternehmens- und Wirtschaftspolitik, Universität Zürich
CEDIM	Center for Disaster Management and Risk Reduction Technology
CO_2	Kohlenstoffdioxid
CSR	Corporate Social Responsibility
DGNB	Deutsche Gesellschaft für Nachhaltiges Bauen
EnEV	Energieeinsparverordnung
EP	Überdüngungspotenzial
ESI	Economic Sustainability Indicator
EU	Europäische Union
GdW	Bundesverband deutscher Wohnungs- und Immobilienunternehmen
GmbH	Gesellschaft mit beschränkter Haftung

GroMiKV Großkredit- und Millionenkreditverordnung
GWP   Treibhauspotenzial
HGB   Handelsgesetzbuch
HVB   HypoVereinsbank
IEKP   Das Integrierte Energie- und Klimaschutzprogramm
IFRS   International Financial Reporting Standards
IPCC   The Intergovernmental Panel on Climate Change
IPD   Investment Property Databank GmbH
IPE   Investment & Pensions Europe
KfW   Kreditanstalt für Wiederaufbau
KIT   Karlsruher Institut für Technologie
KonTrag   Gesetz zur Kontrolle und Transparenz im Unternehmensbereich
KWG   Gesetz über das Kreditwesen
LBBW   Landesbank Baden-Württemberg
LEED   Leadership in Energy and Environmental Design
MaRisk   Mindestanforderungen an das Risikomanagement
NRW   Nordrhein-Westfalen
ODP   Ozonschichtabbaupotenzial
ÖPNV   Öffentlicher Personennahverkehr
PE   Primärenergiebedarf
PEne   Nicht erneuerbarer Primärenergiebedarf
POCP   Ozonbildungspotenzial
SolvV   Solvabilitätsverordnung
SWOT   Strengths, Weaknesses, Opportunities, Threats
UN   United Nations (Vereinte Nationen)
UNEP   Umweltprogramm der Vereinten Nationen
VÖB   Bundesverband Öffentlicher Banken Deutschlands
WDVS   Wärmedämmverbundsystem
WE   Wohneinheiten

XVI

Teil A

Einleitung

1 Ausgangslage und Problemstellung

Die Wohnungswirtschaft als Teildisziplin der Immobilienwirtschaft befindet sich zurzeit in einer Phase des tiefgreifenden Wandels. Dieser Wandel, der sich in der öffentlichen Diskussion z. B. in Zusammenhang mit der zunehmenden Nachfrage nach altengerechtem Wohnen wiederspiegelt, ist in erster Linie hervorgerufen durch die Auswirkungen einer sich ändernden Umwelt. Über diese prägenden Entwicklungen im Bereich der ökonomischen, ökologischen und gesellschaftlichen Umwelt hinaus, wird der Wandel in der Wohnungswirtschaft beeinflusst durch eine zunehmende Professionalisierung, die sich innerhalb der Branche immer mehr durchsetzt.

Die Wohnungs- und Immobilienwirtschaft wird durch den wachsenden Einfluss der internationalen Kapitalmärkte immer mehr zum Gegenstand globaler Anlagestrategien. Im Interesse der Wettbewerbsfähigkeit der Standorte werden nationale, institutionelle und steuerliche Regelungen mehr und mehr nach internationalen Standards vereinheitlicht. Auf europäischer Ebene werden harmonisierte Regelungen auf den mit den Immobilienmärkten eng verbundenen Bereichen wie Gesellschafts-, Steuer- und Beihilferecht durchgesetzt, die die Rahmenbedingungen für die Bewirtschaftung von Immobilien verändern.[1]

Im Zusammenhang mit einer sich verändernden Umwelt sind in erster Linie der Klimawandel und der demographische Wandel zu nennen. Aber auch die zunehmende Verknappung von Res-

---

[1] Vgl. u.a. BMVBS 2009a, S. 17, Jaeger 2009, S. 7 ff.

3

sourcen, der Wertewandel in der Gesellschaft und die soziodemographische Polarisierung sind Trends, die sich sowohl in ökonomischer und ökologischer als auch in sozialer Hinsicht auf die
Wohnungs- und Immobilienwirtschaft auswirken.

Im Kontext von sich im Wandel befindlichen ökologischen, ökonomischen und gesellschaftlichen Prozessen wird oftmals der Begriff
der Megatrends verwendet. Unter Megatrends versteht man evo-
lutionäre Konstanten in Natur und Gesellschaft.[2] Der Begriff geht
zurück auf den Begründer der modernen Zukunftsforschung John
Naisbitt, der in seinem Werk die Voraussetzungen für Megatrends
folgendermaßen definiert hat:[3]

*Der Trend muss eine Halbwertszeit von mindestens 25 bis 30 Jahre ha-
ben, er muss in verschiedenen Lebensbereichen auftauchen und dort Auswirkungen haben und er muss prinzipiell einen globalen Charakter haben, der allerdings an verschiedenen Orten unterschiedlich stark ausgeprägt sein kann.*

Die Wohnungs- und Immobilienwirtschaft ist von diesen Megatrends stark betroffen. Trends wie z. B. der demographische Wandel wirken sich auf verschiedenen Ebenen direkt aus.[4]

Die Megatrends führen in der Wohnungs- und Immobilienwirtschaft zu grundlegenden Veränderungen. Bisher unzureichend
abgebildet sind diese Entwicklungen im Bereich von immobilienwirtschaftlichen Instrumenten und Methoden. Die Problematik
wird langsam erkannt und an einigen Stellen existieren erste Ansätze, diese zu überwinden. Beispielsweise fordert die Neufassung

---

[2]Vgl. Gänßmantel/Geburtig/Schau 2005, S. 76.
[3]Naisbitt 1986, S. 11 f.
[4]In Zusammenhang mit dem demographischen Wandel ändert sich je nach Standort die Nachfrage nach Wohnraum und Ausstattungsmerkmalen. Vgl. GdW 2008, S. 69 ff.

der ImmoWertV erstmals die Berücksichtigung der energetischen Qualität sowie lokaler Umweltrisiken.[5]

Weitestgehend unberücksichtigt sind diese Entwicklungen im Bereich des immobilienwirtschaftlichen Risikomanagements. Das Risikomanagement ist als Grundlage des Immobilienportfoliomanagements einer der wichtigsten Erfolgsfaktoren für Immobilienunternehmen.[6] Der Umgang mit Risiken spielt daher vor dem Hintergrund des sich in Zusammenhang mit den Megatrends verändernden Marktumfeldes, eine entscheidende Rolle.[7]

Um einführend einen ersten Überblick über die aktuelle Situation hinsichtlich des Risikomanagements in der praktischen Anwendung der Wohnungswirtschaft zu bekommen, kann die Arbeit von Knust betrachtet werden:

Knust hat in ihrer Befragung 26 Unternehmen der Wohnungswirtschaft, die mindestens über einen Eigenbestand von 10.000 Wohneinheiten verfügen, hinsichtlich ihres Risikomanagements befragt. Eine Mehrheit der befragten Unternehmen gab an, systematisches Risikomanagement seit dem Jahr 1999 bzw. 2000 zu betreiben. Bei den Gründen für die Implementierung des Risikomanagements in die Geschäftsprozesse, dominieren die rechtlichen Vorgaben und die „Kontrolle über die Unternehmensbereiche". Die große Mehrheit der Unternehmen nützt einen standardisierten Risikomanagementprozess. Die Markt- und Wettbewerbsrisiken sowie die Finanzrisiken werden von den Unternehmen als am wichtigsten erachtet.[8]

---

[5]Die ImmoWertV regelt die Grundlagen zur Ermittlung von Verkehrswerten. Vgl. Bundesministerium der Justiz, §6

[6]Vgl. Lutz/Klaproth 2004, S. 63.

[7]Vgl. Wiedenmann 2005, S. 1.

[8]Vgl. Knust 2005, S. 27 ff.

5

Ein Schwachpunkt der bisher üblichen Vorgehensweise bei etablierten Risikobewertungsmethoden ist die rückwärtsgewandte Festlegung von Kriterien und Indikatoren, die in der Regel mittels einer Regressionsanalyse festgelegt werden.[9] Die aufgezeigten Megatrends und die damit verbundenen dynamischen Veränderungen der Anforderungen an Gebäude, Standorte und Unternehmen zeigen aber, dass eine rein auf Vergangenheitsinformationen bezogene Risikobewertung nicht realistisch sein kann.

Ein weiterer Schwachpunkt ist, dass Eigenschaften, Merkmale und Indikatoren von Bauwerken sowohl in Beispielen aus der Literatur[10] als auch in Beispielen aus der Praxis[11] nur in sehr geringem Umfang beschrieben und in die Prozesse des Risikomanagements einbezogen werden. Dies hängt damit zusammen, dass das immobilienwirtschaftliche Risikomanagement, wie die Befragung von Knust gezeigt hat, eine relativ junge Disziplin ist und sich daher noch stark an einer allgemeinen betriebswirtschaftlichen Vorgehensweise orientiert. Im Zusammenhang mit den Megatrends ist davon auszugehen, dass sich die Anforderungen an Gebäude zum einen verstärken und zum anderen durch den demographischen Wandel und die Individualisierung der Lebensstile stärker als in der Vergangenheit ausdifferenzieren.

In diesem Zusammenhang kann ein weiterer Kritikpunkt benannt werden. Bei bisherigen Vorgehensweisen werden Risiken getrennt in verschiedenen Dimensionen betrachtet, d. h. es werden Risiken in Zusammenhang mit dem Standtort bzw. Markt und Risiken in Zusammenhang mit dem Gebäude betrachtet. Wechselwirkungen zwischen beiden Dimensionen, beispielsweise durch lokale Umweltrisiken, werden in der Regel nicht berücksichtigt.

---

[9]Vgl. Everling/Jahn/Kammermeier 2009, S. 237.
[10]Vgl. u.a. Wellner 2003, S. 200 ff, Maier 1999, S. 136.
[11]Vgl. Schäfer et al. 2010, S. 113.

2 Zielsetzung und Lösungsweg

Ziel der Weiterentwicklung von Instrumenten der Risikobewertung ist es u. a., mittels der Identifizierung der (zukünftigen) Herausforderung für die Wohnungs- und Immobilienwirtschaft die resultierenden Anforderungen an Gebäude abzuleiten, zu operationalisieren und in entsprechenden Bewertungsmethoden zu berücksichtigen. Ein Gebäude muss im Sinne einer nachhaltigen Risikobewertung daraufhin untersucht werden, inwieweit es die aktuellen und die prognostizierbaren Anforderungen bereits integriert. Die Abweichung hiervon kann als Risiko verstanden werden.

Einleitend werden im Teil B der Arbeit die in Zusammenhang mit der Fragestellung dieser Arbeit relevanten Megatrends auf Basis aktueller Studien identifiziert und erläutert. Des Weiteren wird in Teil B auf die Besonderheiten des Wirtschaftsgutes Immobilie und des Immobilienmarktes eingegangen. Die Betrachtung der Besonderheiten von Immobilien bildet u. a. die Grundlage für die spätere Erläuterung der Wechselwirkungen zwischen Aspekten der Umwelt und des Gebäudes im Zeitverlauf.

Die Weiterentwicklung von Instrumenten der Risikobewertung erfordert in einem ersten Arbeitsschritt die Betrachtung ausgewählter Prozesse des immobilienwirtschaftlichen Risikomanagements. Diese wird in Teil C mit dem Fokus auf den Prozessen Risikoidentifikation, Risikoanalyse und Risikobewertung dargestellt. Im Kapitel Risikoidentifikation wird neben der Gliederung und Systematisierung von Risiken auch auf risikorelevante Immobilieninformationen und Informationsquellen eingegangen. Bei der Beschreibung des Prozesses Risikoanalyse werden Wirkungszusammenhänge zwischen Risiken aufgezeigt und Risikoanalysemethoden vorgestellt. Im Kapitel Risikobewertung wird der Schwerpunkt auf qualitative Bewertungsverfahren gelegt und das Scoring-Verfahren vorgestellt. Die in diesem Kapitel betrachteten Prozesse bilden die Grundlage für die spätere, im weiteren Verlauf der Arbeit aufgezeigte Vorgehensweise, insbesondere die Weiterentwicklung des Scoring-Verfahrens.

Teil D gliedert sich in fünf Blöcke. Der erste Block beschäftigt sich mit den theoretischen Grundlagen für die nachhaltigkeitsorientierte Weiterentwicklung der qualitativen Risikobewertung. Zu Beginn wird eine Literaturauswertung durchgeführt. Ausgewertet werden aktuelle Studien, die die Auswirkungen der Megatrends auf die Wohn- und Immobilienwirtschaft beschreiben. Ausgehend von diesen Auswirkungen oder Herausforderungen für die Wohn- und Immobilienwirtschaft können im weiteren Verlauf risikorelevante Eigenschaften, Merkmale und Indikatoren abgeleitet werden. In Zusammenhang mit diesen Eigenschaften, Merkmalen und Indikatoren und deren Verwendung kann auch der Begriff Nachhaltigkeitsaspekte verwendetwerden. Im zweiten Block des Teils D wird auf die Wechselwirkungen zwischen Aspekten der Umwelt und des Gebäudes im Zeitverlauf eingegangen. Aufbauend auf den Kritikpunkten an traditionellen Risikobewertungsmethoden und den spezifischen Eigenschaften des Wirtschaftsgutes Immobilie werden Ansätze aufgezeigt, diese zu überwinden. Der dritte Block des Teils D befasst sich mit bereits in der Praxis etablierten Methoden zur Risikobewertung von Immobilien. Dazu wird zum einen ein konventionelles Verfahren hinsichtlich seines Bewertungsspektrums untersucht und zum anderen werden Beispiele von neuen, betriebswirtschaftlich orientierten Systemen zur Bewertung der Nachhaltigkeit von Gebäuden vorgestellt. In einem letzten Schritt wird in diesem Block die Abgrenzung von Systemen oder Verfahren zur nachhaltigkeitsbezogenen Risikobewertung zu Verfahren zur Nachhaltigkeitszertifizierung von Gebäuden durchgeführt. Im vierten Block des Teils D wird, aufbauend auf dem in Teil C beschriebenen Verfahren des Immobilienrisiko-Scorings und den Ergebnissen aus den ersten beiden Blöcken des Teils, die theoretische Integration von Nachhaltigkeitsaspekten in ein Scoring-Verfahren durchgeführt. Anschließend wird im fünften Block die aufgezeigte Vorgehensweise an einem in der Praxis angewandten System exemplarisch aufgezeigt.

Teil E bildet den Abschluss der Arbeit. Die wesentlichen Ergebnisse werden noch einmal herausgestellt und es wird ein Ausblick auf weitere, mögliche Forschungsarbeiten in diesem Themenfeld gegeben.

Die Arbeit verfolgt ausdrücklich nicht das Ziel, ein neues nachhaltigkeitsbezogenes Risikobewertungsverfahren für Immobilien zu entwickeln. Vielmehr soll ein Ansatz aufgezeigt werden, wie bereits in der praktischen Anwendung befindliche Scoring-Modelle weiterentwickelt werden können, um eine zukunftsorientierte und ganzheitliche Risikobewertung zu gewährleisten.

Des Weiteren sei darauf hingewiesen, dass die vorliegende Arbeit in Teilen auf einem vom Autor mitbetreuten, vom BMVBS im Rahmen der Forschungsinitative ZukunftBau geföderten Forschungsvorhaben mit dem Titel „ImmoWert – Integration von Nachhaltigkeitsaspekten in die Wertermittlung und Risikobeurteilung von Einzelimmobilien und Gebäudebeständen"basiert.[12]

In nachfolgender Abbildung 1 ist die beschriebene Vorgehensweise schematisch dargestellt.

---

[12]Schäfer et al. 2010.

9

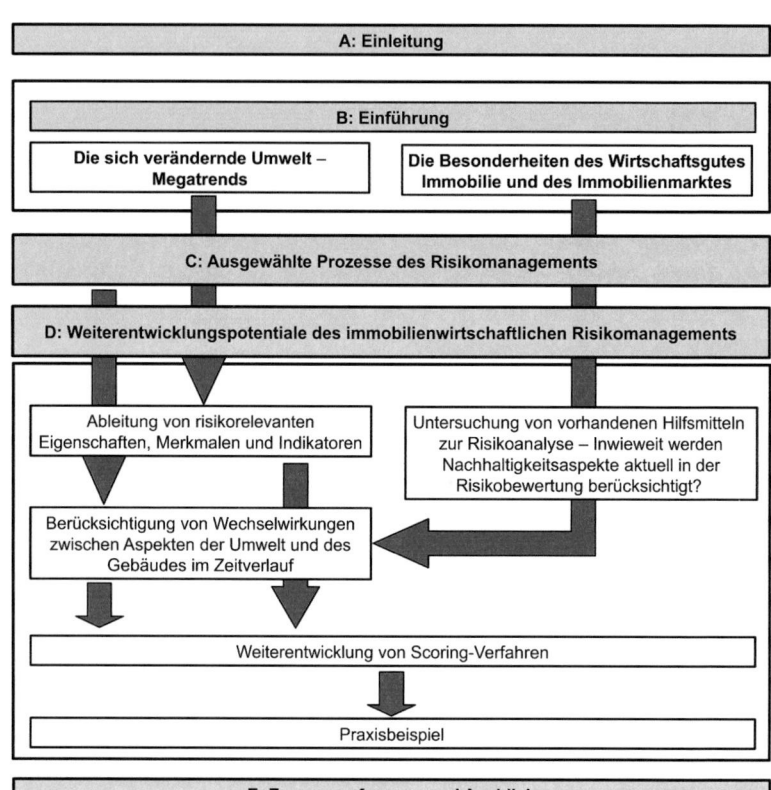

Abbildung 1: Gliederung
Quelle: Eigene Darstellung

Teil B

Einführung

1 Die sich verändernde Umwelt – Megatrends

Den Ausgangspunkt für das weitere Vorgehen in dieser Arbeit bildet die allgemeine Erläuterung der sog. Megatrends. Die im vorangegangenen Teil A eingeführte Definition des Begriffes kann noch einmal folgendermaßen zusammengefasst werden. Ein Megatrend kennzeichnet eine Veränderung der Umwelt, die sich langfristig und räumlich differenziert auf verschiedene Lebensbereiche auswirkt.[13] Im weiteren Verlauf wird in Zusammenhang mit den Megatrends daher auch die Formulierung ‚Rahmenbedingungen einer sich verändernden Umwelt' verwendet.

Der Begriff Umwelt bedarf ebenfalls einer kurzen Erläuterung. Umgangssprachlich wird Umwelt vor allem in Zusammenhang mit der natürlichen oder ökologischen Umwelt verwendet. Im Kontext dieser Arbeit wird der Begriff gemäß folgender Definition verwendet:

„Umgebung eines Systems oder einer Lebenseinheit, welche(s) mit dieser in wechselseitigen Beziehungen steht. Grundsätzliche Unterscheidung der Umwelt des Menschen in natürliche Umwelt (Ökosphäre) und „künstliche" Umwelt (Sozio- und Technosphäre). Umwelt z.B. für das System Unternehmung: wirtschaftliche, technische, gesellschaftliche, politische und natürliche Umwelt."[14]

---

[13] Vgl. Naisbitt 1986, S. 11.
[14] Feess/Günther.

In den nachfolgenden Abschnitten werden folgende Megatrends analysiert.

- Demographischer Wandel[15]

- Klimawandel

- Soziodemographische Polarisierung

- Wertewandel/Individualisierung der Lebensformen

- Verknappung von Ressourcen – wachsende (politische) Anforderungen an Ressourcenschonung, Klimaschutz und nachhaltige Entwicklung

- Professionalisierung und Ökonomisierung der Wohnungs- und Immobilienwirtschaft

Die hier dargestellte Liste erhebt keinen Anspruch auf Vollständigkeit. Sie stellt vielmehr eine Auswahl derjenigen Trends dar, die mit wohnungswirtschaftlichen Aspekten in kausalem Zusammenhang stehen. Auf die Zusammenhänge wird in Teil D der Arbeit eingegangen.

1.1 Der Demographische Wandel

Der Begriff des Demographischen Wandels bezeichnet Veränderungen des Bevölkerungsumfangs und der Altersstruktur in der Gesellschaft, die durch das Zusammenwirken der drei Determinanten der Demographie, Fertilität (Fruchtbarkeit), Mortalität

---

[15]Bevölkerungsentwicklung (Anzahl und Altersstruktur, inkl. Alterung), Entwicklung von Art und Anzahl der Haushalte, Wanderungsbewegungen.

(Sterblichkeit) und Migration (Wanderung), hervorgerufen wird.[16] Die Einflussparameter der Determinanten sind z. B. Naturkatastrophen, Kriege und Verbesserung der Gesundheitsvorsorge.[17]

In Deutschland ist die zusammengefasste Geburtenziffer, d. h. die Zahl der Kinder pro Frau, ab Ende der 1960er-Jahre bis Mitte der 70er-Jahre drastisch gesunken. Seither weist diese Fertilitätsrate mit 1,3 bis 1,4 Kindern pro Frau einen fast konstanten Wert auf, der jedoch unterhalb des Bestandserhaltungsniveaus von 2,1 Kindern pro Frau liegt.[18]

Neben den sinkenden Geburtenziffern wird in Deutschland seit über 130 Jahren ein kontinuierlicher Rückgang der Sterblichkeit und ein Anstieg der Lebenserwartung beobachtet. Zu dieser Entwicklung haben maßgeblich die Fortschritte in der medizinischen Versorgung, der Hygiene, der Ernährung, der Wohnsituation sowie die verbesserten Arbeitsbedingungen und der gestiegene materielle Wohlstand beigetragen. Die Sterblichkeit ist seit Ende des 19. Jahrhunderts zunächst vor allem bei Säuglingen und Kindern stark zurückgegangen. In der zweiten Hälfte des letzten Jahrhunderts ist auch die Sterblichkeit älterer Menschen erheblich gesunken.[19]

Zusätzlich zu den Entwicklungen hinsichtlich der Fertilität und der Mortalität wird der demographische Wandel bestimmt durch Migration. Diese beeinflusst neben der Bevölkerungszahl (quantitative Dimension) auch die strukturelle Zusammensetzung der Bevölkerung und damit auch das endogene Entwicklungspotenzial am Herkunfts- und am Zielort der Wanderungen einer Gebietskörperschaft. Dabei erklärt der Mechanismus selektiver interregionaler Wanderungen (zumeist auf ökonomische Trends rea-

---

[16]Vgl. Pfaff/Nellessen-Martens/Scriba 2011, S. 188.
[17]Vgl. Pack et al. 2000, S. 8.
[18]Vgl. Pfaff/Nellessen-Martens/Scriba 2011, S. 188.
[19]Vgl. Statistisches Bundesamt 18.11.2009, S. 29.

gierende Binnenfernwanderungen der Bevölkerung) einerseits die räumliche Polarisierung in Wachstums- und Schrumpfungsbereiche und andererseits die alterstrukturellen Unterschiede zwischen verschiedenen Raumeinheiten.[20]

Jeder Bevölkerungsvorausberechnung liegen bestimmte Annahmen zugrunde. Zentrale Punkte sind z. B. die Geburtenhäufigkeit, die Lebenserwartung oder die Wanderungsbewegungen. Annahmen zur natürlichen Bevölkerungsentwicklung (Geburten- und Sterbefälle) gelten auch über längere Zeiträume als sehr sicher. Anders verhält es sich mit Annahmen bezüglich der Wanderungsbewegungen, bei denen Prognosen nur bedingt als gesichert gelten können. Bevölkerungsvorausberechnungen werden in der Regel in Varianten erstellt, die auf unterschiedlichen plausiblen Szenarien basieren.[21]

Hinsichtlich der natürlichen Bevölkerungsentwicklung lässt sich folgende Entwicklung vorhersagen. Das Altern der heute stark besetzten mittleren Jahrgänge führt zu gravierenden Verschiebungen in der Altersstruktur. Im Jahr 2008 bestand die Bevölkerung zu 19% aus Kindern und jungen Menschen unter 20 Jahren, zu 61 % aus 20- bis unter 65-Jährigen und zu 20 % aus 65-Jährigen und Älteren. Im Jahr 2060 wird bereits jeder Dritte (34 %) mindestens 65 Lebensjahre durchlebt haben und es werden doppelt so viele 70-Jährige leben, wie Kinder geboren werden. Die Alterung schlägt sich insbesondere in den Zahlen der Hochbetagten nieder. Im Jahr 2008 lebten etwa 4 Millionen 80-Jährige und Ältere in Deutschland; dies entsprach 5 % der Bevölkerung. Ihre Zahl wird kontinuierlich steigen und mit über 10 Millionen im Jahr 2050 den bis dahin höchsten Wert erreichen. Zwischen 2050 und 2060 sinkt dann die Zahl der Hochbetagten auf 9 Millionen. Es ist also

---

[20]Vgl. Jeschke/Münter 2007, S. 10.
[21]Vgl. Bürkner et al. März 2007, S. 12.

damit zu rechnen, dass in 50 Jahren etwa 14 % der Bevölkerung 80 Jahre oder älter sein wird.[22]

In folgender Abbildung 2 ist die Alterung zwischen 1999 und 2020 regional ausdifferenziert dargestellt:

Als Folge der demographischen Verschiebungen wird zwischen den Kommunen und Regionen ein Wettbewerb um junge Erwerbstätige einsetzen. Die ökonomische Situation und das Entwicklungspotenzial werden zu starken Triebfedern für regionale Wanderungen. Zwar ist ein erheblicher Teil der weiträumigen Wanderungen traditionell arbeitsmarktinduziert, aber unter den sich wandelnden demographischen Bedingungen werden die Effekte vermutlich noch deutlicher spürbar werden.[23]

Der Begriff der Regionalisierung spielt vor dem Hintergrund der aufgezeigten Entwicklungen eine wichtige Rolle. Der Begriff der „Regionalisierung" muss dabei in zwei Richtungen dekliniert werden. Zum einen sind die unterschiedlichen Akteursebenen (Bund, Länder, Kommunen, Wohnungswirtschaft) zu bedenken. Zum anderen sind die verschiedenen Handlungsbereiche von der Marktbeobachtung über die Bauförderung und die Sozialorientierung bis hin zum Städtebau und der Regionalpolitik mit dem Prozess der Ausdifferenzierung und Regionalisierung zu konfrontieren.[24] Neben der Berücksichtigung der Regionalisierung spielt auch die Beachtung der zeitlichen Dynamik demographischer Prozesse eine wichtige Rolle.[25]

Im Gegensatz zur natürlichen Bevölkerungsentwicklung lassen sich Prognosen zur Migration, die in starkem Zusammenhang mit politischen Umständen steht, nur sehr unscharf treffen. In diesem

---

[22]Vgl. Statistisches Bundesamt 18.11.2009, S. 16.
[23]Vgl. Aring 2003, S. 269.
[24]Vgl. Aring 2003, S. 272.
[25]Vgl. Buchner/Schlömer/Lackmann 2004, S. 107.

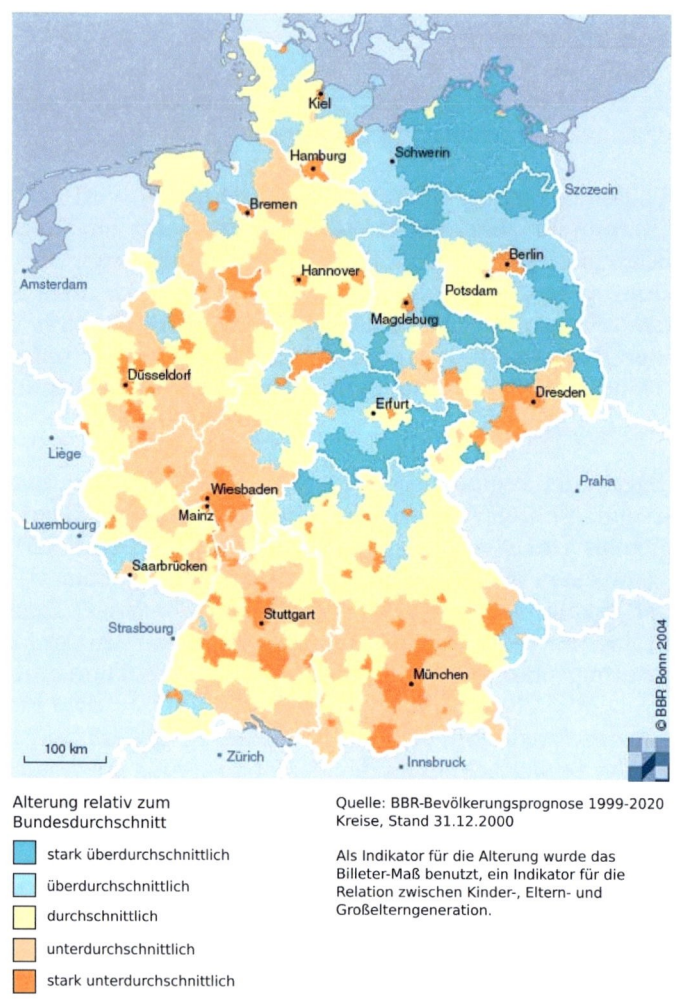

Alterung relativ zum
Bundesdurchschnitt

Quelle: BBR-Bevölkerungsprognose 1999-2020
Kreise, Stand 31.12.2000

■ stark überdurchschnittlich

■ überdurchschnittlich

□ durchschnittlich

■ unterdurchschnittlich

■ stark unterdurchschnittlich

Als Indikator für die Alterung wurde das
Billeter-Maß benutzt, ein Indikator für die
Relation zwischen Kinder-, Eltern- und
Großelterngeneration.

Abbildung 2: Regionale Alterung zwischen 1999 und 2020
Quelle: In Anlehnung an Buchner / Schlömer / Lackmann 2004, S. 123

Zusammenhang kann einzig festgehalten werden, dass es in der Vergangenheit immer Kriege, Konflikte und Krisen gab, die Wanderungsbewegungen hervorgerufen haben. Eine weitere Ursache für Migration sind ökonomische Beweggründe, d. h. Wanderung von Arbeitskräften mit dem Ziel einer Einkommenssteigerung. Eine Ursache für Migration, die in Zukunft an Bedeutung gewinnen wird, ist der Klimawandel, d. h. die Abwanderung aus Regionen, in denen der Klimawandel zu einer starken Verschlechterung der Lebensumstände führt. Derartige Entwicklungen sind u. a. in Teilen Afrikas dokumentiert.[26]

Die absehbare demographische Entwicklung, insbesondere die starke Abnahme der Gruppe der 30- bis 49-jährigen Personen um mindestens ein Drittel bis zum Jahr 2050, dürfte sich in Zukunft grundsätzlich kontraktiv auf den Wohnungsmarkt auswirken. Insgesamt ist davon auszugehen, dass zum einen die Zahl der neu fertig gestellten Wohnungen weiter zurückgeht und zum anderen die Anzahl, vor allem kleiner Haushalte steigt. Der Anteil investiver Bestandsmaßnahmen am Wohnungsbau wird künftig noch weiter steigen. Ein Schwerpunkt dürften angesichts der sich wandelnden Nachfragesituation (z. B. altengerechtes Wohnen) Modernisierungsinvestitionen sein, mit denen die Wohnungen an die geänderten Bedürfnisse angepasst werden.[27]

1.2 Klimawandel

Im Jahr 2007 hat der Klimarat der Vereinten Nationen seinen vierten Klimareport veröffentlicht. Der Klimareport fasst regelmäßig den Stand der weltweiten Klimaforschung zusammen. Die Ergebnisse des Berichtes zeigen, an der Erderwärmung besteht kein

---

[26]Vgl. Korcz/Schlömer 2008, S. 159.
[27]Vgl. Ott-Laubach/Plattner 2008, S. 7.

Zweifel mehr. Die Erde hat sich in den letzten 100 Jahren um 0,74 °C erwärmt, die Erwärmung in den letzten 50 Jahren dieses Zeitraums war fast doppelt so stark wie die in der ersten Hälfte; und elf der letzten zwölf Jahre gehören zu den 12 wärmsten Jahren seit Beginn der flächendeckenden Temperaturmessung im Jahr 1850.[28] Der Klimawandel verursacht einen Anstieg der Land- und Meerestemperaturen und beeinflusst Niederschlagsmengen und Niederschlagsmuster. Die Folgen daraus sind ein Anstieg des globalen durchschnittlichen Meeresspiegels, eine voraussichtliche Beschleunigung der Küstenerosion sowie zunehmend schwere Wetterextreme.[29] Die einzelnen Regionen müssen sich auf die möglichen Auswirkungen individuell vorbereiten, da beispielsweise auf Gebirgsregionen andere Herausforderungen zukommen als auf Küstenregionen.

Strategien zur Anpassung an den Klimawandel werden in den unterschiedlichsten Sektoren entwickelt. Besonders in dicht besiedelten Gebieten besteht durch die schädigende Wirkung von Wetterextremen auf die Infrastrukturen (im Bau-, Verkehrs-, Energie- und Wasserversorgungssektor) dringender Handlungsbedarf.[30]

Bisher kaum Berücksichtigung bei der Abschätzung von aus dem Klimawandel resultierenden Folgen findet die soziale Dimension. Die Debatte um die soziale Dimension des Klimawandels in Deutschland geht ursprünglich zurück auf eine in den 1980er-Jahren in den USA begonnene Diskussion um die ungleiche Verteilung von Umweltbelastungen. Mit dem Begriff des Environmental Justice wurde die Diskussion öffentlich thematisiert.[31] Bezogen auf die aktuelle Situation hinsichtlich des Klimawandesls ist die Environmental-Justice-Frage in ihrer intragenerationalen Dimension relevant, denn der Klimawandel dürfte insbesondere von

---

[28]Vgl. IPCC 2007, S. 30 ff.
[29]Vgl. Kommission der europäischen Gemeinschaft 2009, S. 3.
[30]Vgl. Kommission der europäischen Gemeinschaft 2009, S. 5.
[31]Vgl. Elvers/Lenz 2005, S. 82 ff.

denjenigen sozialen Gruppen und an den Orten als besonders gravierendes Problem wahrgenommen werden, wo bereits eine Betroffenheit durch Alterungs- und Schrumpfungsprozesse vorliegt. Die hierdurch ausgelöste Angebotsverschlechterung (z. B. im sozialen Bereich) und finanzielle Belastungen (etwa steigende Fixkosten im Bereich der technischen Infrastruktur und der Wohnnebenkosten) treffen dabei auf die sich durch den Klimawandel verändernden Anforderungen mit dem hierdurch ausgelösten Investitionsbedarf. Das Risiko des Anstiegs der sozialen Spannungen z. B. durch den Dualismus der klimaoptimierten Vorstadtviertel und der schlecht durchlüfteten, hochverdichteten Quartiere mit niedriger Klima-Lebensqualität, die gegenüber Klimafolgen wie urbanen Hitzeinseln besonders exponiert, aber auch verwundbar sind, wird weiter zunehmen. Diese höhere Verwundbarkeit geht nicht notwendigerweise auch mit einem höheren Beitrag dieser Gruppen zum Klimawandel durch Emissionen oder Ressourcenverbrauch einher. Die unterschiedlichen sozialen Gruppen können also unterschiedlich betroffen sein durch den Klimawandel sowie durch die damit in Zusammenhang stehenden Maßnahmen zum Klimaschutz.[32]

Von hervorzuhebender Bedeutung im Bereich der Infrastrukturen ist der Gebäudebestand. Die klimatischen Veränderungen, die sich auf den Gebäudebestand auswirken, betreffen dabei sowohl die durchschnittlichen Bedingungen (wie z. B. die Jahresmitteltemperatur) als auch die Anzahl und die Stärke von Extremereignissen. Die daraus resultierenden Probleme sind von sehr unterschiedlicher Natur. So können häufigere und heftigere Extremereignisse (wie z.B. Flusshochwässer, Hitzewellen und Starkregenereignisse) zu Schäden an der Bausubstanz und zur Gefährdung der Bewohner führen, während schleichende Veränderungen (wie z. B. von Niederschlagsverhältnissen) veränderte Anforderungen an die Bausubstanz und Infrastruktureinrichtungen (z. B. Kanali-

---

[32]Vgl. BMVBS / BBSR 21.09.2009, S. 13 ff.

sation und Verkehrswege) auslösen. Sowohl Extremereignisse als auch schleichende Veränderungen haben direkte Auswirkungen (wie z. B. eine Zunahme der Hitzebelastung), lösen aber auch indirekte Folgen aus (wie z.b. einen zunehmenden Energiebedarf für die Kühlung von Gebäuden). Insbesondere die indirekten Wirkungen sind dabei schwer abzuschätzen, da sie von vielen unterschiedlichen Faktoren und Entwicklungen abhängen. Bei der Betrachtung der Folgen des Klimawandels im urbanen Raum müssen demnach sowohl die schleichenden klimatischen Veränderungen als auch Veränderungen der Extremereignisse betrachtet werden.[33]

Die Vorhersage von Extremwettereignissen hat in der jüngeren Vergangenheit große Fortschritte gemacht. Verantwortlich dafür ist u. a. das Center for Disaster Management and Risk Reduction Technology, kurz CEDIM, eine interdisziplinäre Forschungseinrichtung des Helmholtz-Zentrums Potsdam Deutsches Geoforschungszentrum (GFZ) und des Karlsruher Instituts für Technologie (KIT) im Bereich des Katastrophenmanagements. Ziel des Zentrums ist es, natürliche und anthropogene Risiken besser zu verstehen, früher zu erkennen und damit zukünftig besser zu beherrschen.[34] Das CEDIM stellt mit dem Risk Explorer Germany ein Geoinformationssystem(GIS) basiertes Online-Tool zur Verfügung, mit dessen Hilfe Informationen hinsichtlich der Gefährdung, der Vulnerabilität [35] und des Risikos von Naturkatastophen sowie anthropogenen Katastrophen regional ausdifferenziert abgelesen werden können.[36]

---

[33]Vgl. BMVBS 2009a, S. 9.

[34]Vgl. Schwanke et al. 2009, S. 229.

[35]Die Vulnerabilität bezeichnet im naturwissenschaftlichen Kontext die Anfälligkeit eines Systems (Gebäude, Infrastruktureinrichtung, usw.) gegen äußere schädliche Einwirkungen.Vgl. Plate 2001, S. 12

[36]Vgl. Müller et al. 2006, S. 712.

In nachfolgender Abbildung ist ein Screenshot des Risk Explorers abgebildet. Dargestellt ist das Schadensrisiko durch Winterstürme in der Region Karlsruhe.

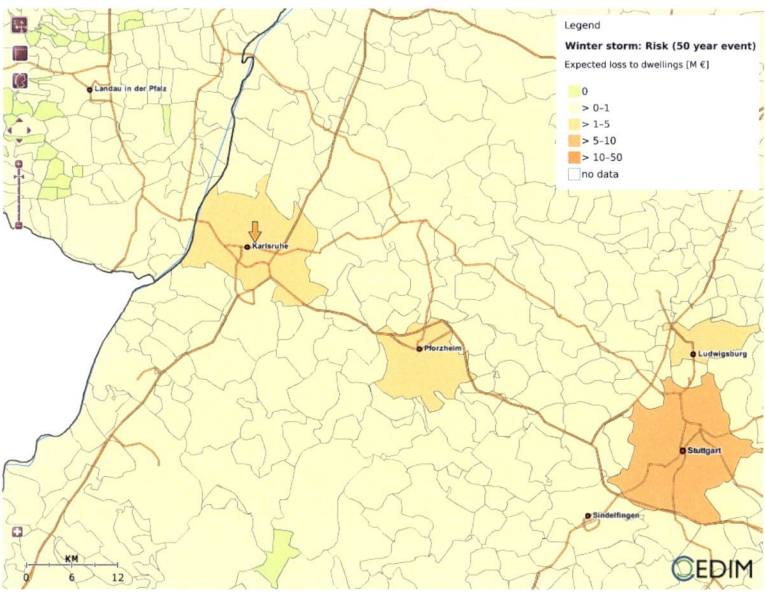

Abbildung 3: CEDIM Risk Explorer
Quelle: CEDIM Risk Explorer

Die Abbildung zeigt deutlich den hohen Detailierungsgrad der dargestellten Gefahr durch Winterstürme. Durch die dunkler werdende Farbschattierung wird ein zunehmdes Risiko verdeutlicht.

23

1.3 Die Soziodemographische Polarisierung

Agglomerationen sind seit jeher Schauplatz von Folgen des sozialen und ökonomischen Wandels.[37]Im Übergang zum 21. Jahrhundert zeigt sich dies umso deutlicher, wenn man sich die gegenwärtigen ökonomischen, demographischen und auch sozialen Umstrukturierungen vor Augen führt, die in der wissenschaftlichen Literatur wie auch in der politischen Rhetorik mit Begriffen wie Globalisierung, Individualisierung, Dienstleistungs- oder Wissensgesellschaft belegt werden.[38]

Die Arbeitswelt verändert sich. Nicht abrupt, aber andauernd und mit wachsender Geschwindigkeit. Der Acht-Stunden-Tag in der Fabrik oder im Büro, die lebenslange Beschäftigung in derselben Firma von der Lehre bis zur Pensionierung, die alleinige Zuständigkeit der Frau für Haushalt und Kindererziehung, diese Muster sind immer seltener zu beobachten. Die Lebensrealität sieht heute für die meisten anders aus: Befristete Arbeitsverträge, eine zweite oder dritte Ausbildung, Unterbrechung des Berufslebens durch Phasen von Selbständigkeit, Weiterbildung oder Arbeitslosigkeit sind keine Ausnahme mehr.[39] Das daraus resultierende gesellschaftspolitische Hauptproblem wird auch in den kommenden Jahren, trotz demographischem Wandel und möglichen Erfolgen der Wissensökonomie, die bereits seit zwei Jahrzehnten anhaltende Massenarbeitslosigkeit bleiben.[40]

---

[37]Als eine Agglomeration bezeichnet man eine Kernstadt, die ein suburbanes Umland oder ein dicht besiedeltes Gebiet besitzt, das außerhalb der Stadtgrenzen liegt, aber direkt an die Kernstadt angrenzt. Eine solche Agglomeration besteht aus einer oder mehreren Städten und ihren vorgelagerten Gemeinden, die den Agglomerationsgürtel bilden. Die Agglomeration entspricht also der „Stadt" im rein geographischen Sinne ohne Berücksichtigung von administrativen Grenzen.Vgl. United Nations 1997, S. 64

[38]Vgl. Hamedinger 2002, S. 122.

[39]Vgl. BMBF 2005.

[40]Der Begriff Wissensökonomie beschreibt den gegenwärtigen, wirtschaftlichen Strukturwandel. Wissensökonomie impliziert die Anerkennung von Wissen als Produktionsfaktor, als

Die beschriebene Problematik wird quartiersspezifisch verstärkt durch eine zunehmende ethnische Ausdifferenzierung der Bevölkerung. Probleme, die aus der Einkommensstruktur der jeweiligen Bevölkerungsschicht resultieren, werden häufig ergänzt durch Probleme, die durch Kommunikationsbarrieren und unterschiedliche Anschauungen und Ansprüchen entstehen.[41]

In diesem Zusammenhang gewinnt die Tatsache an Relevanz, dass sich die verschiedenen Formen sozialer Ungleichheit im Stadtraum stark in der Wahl des Wohnstandortes und in der Zuweisung von Wohnraum widerspiegeln. Sie führen zum Phänomen der residenziellen Segregation, d. h. zur ungleichen Verteilung von Wohnstandorten bestimmter sozialer Gruppen im Stadtraum, sowie zu sozialräumlicher Polarisierung.[42]

Unter dem ökonomischen Druck „leerer Kassen" und des zunehmenden demographischen Rückgangs können Staat und Kommunen die sozialstaatliche Fürsorge nicht den Problemlagen entsprechend ausbauen. Sie fahren sie zurück, wodurch die sozialräumliche Kumulation der Probleme verstärkt wird. In den Ballungsräumen werden Stadtquartiere und in den schrumpfenden Regionen ganze Städte zu den eigentlichen Problemfeldern.[43] Die soziodemographische und sozialräumliche Polarisierung kann zusammenfassend als ein Prozess des selektiven Fort- und Zuzuges verstanden werden. Insgesamt handelt es sich um eine soziale Spaltung, die sich in Abhängigkeit von Bodenwerten, Mietpreisen, Milieus und Images in räumlichen Polarisierungen niederschlägt.[44]

---

immaterielles, wirtschaftlich handelbares Gut und als wichtige Komponente materieller / physischer Güter. Vgl. Kujath/Schmidt 2007, S. 3

[41] Vgl. Steffen/Baumann/Betz 2004, S. 1.

[42] Vgl. Hamedinger 2002, S. 126.

[43] Vgl. Hannemann/Läpple 2004.

[44] Vgl. Becker/Löhr 2000, S. 22.

Prognosen hinsichtlich der beschriebenen Problematik sind mittelfristig und innerhalb bestimmter Parameter durchaus vorstellbar. Unter der Annahme, dass die Determinanten für sozialräumliche und soziodemographische Polarisierungseffekte zum einen in der wirtschaftlichen, politischen und demographischen Entwicklung und zum anderen in der ethnischen Zusammensetzung einer Region zu finden sind, können Prognosen vorgenommen werden.

1.4 Wertewandel – Individualisierung der Lebensformen

Der Wertewandel und die damit verknüpfte Individualisierung der Lebensformen prägt die Gesellschaft, in der wir leben. Individualisierung bedeutet, dass der oder die Einzelne selbst zur lebensweltlichen Reproduktionseinheit des Sozialen wird.[45] Anders ausgedrückt bedeutet dies, das Individuum wird zum Gestalter der sozialen Realität. Die Ausgestaltung der Gesellschaft und der Formen des Zusammenlebens sind Ausdruck der eigenständigen Wahlentscheidung der handelnden Akteure. Die Veränderungen in der Gesellschaft zeigen sich an dem Übergang von Uniformität zur Vielfalt der Lebensformen. Beispielsweise war bis in die 1950er Jahre hinein in der Bundesrepublik Deutschland die bürgerliche Kleinfamilie die dominierende Lebensform. Die Ehe mit Kindern ist bis heute die häufigste Lebensform, dennoch haben sich vielfältige Alternativen entwickelt. Unter anderem sind dies nichteheliche Lebensgemeinschaften, gleichgeschlechtliche Paare, Singles, Alleinerziehende und Partnerschaften mit getrennten Wohnsitzen.[46]

---

[45]Vgl. Beck 1986, S. 209.
[46]Vgl. Junge 2002, S. 7.

Eine weitere Ausprägung des sich vollziehenden Wertewandels ist die zunehmende Wahrnehmung der Verantwortung gegenüber Umwelt und Gesellschaft. Laut einer Studie des Umweltbundesamtes ist für 91 % der Bevölkerung der Umweltschutz wichtig.[47] Ein weiterer Indikator hierfür ist das Konsumverhalten. Die Universität Hohenheim ermittelte in einer Studie ein Marktpotenzial von 200 Mrd. Euro der sog. LOHAS (Lifestyles of Health and Sustainability.[48] Auch vonseite der Unternehmen wird verstärkt die Verantwortung gegenüber der Umwelt und Gesellschaft erkannt und wahrgenommen. Das Thema CSR (Corporate Social Responsibility) wird inzwischen auch von der Bundesregierung in Form einer nationalen CSR-Strategie forciert.[49]

Wie kaum in einem anderen Bereich spiegeln sich im Bedürfnisfeld „Bauen und Wohnen" soziale Strukturen und Bedürfnisse, Lebensstile und Konsumgewohnheiten wider. Zugleich steht er in einem vielfältigen wechselseitigen Beziehungsgeflecht mit Arbeitsmarkt, Beschäftigung, Umwelteinflüssen, Mobilität, Verkehr und sozialem und kulturellem Leben insbesondere in Familien und Nachbarschaften. Die Tendenz zu einer „Verstädterung" hält an: der Anteil der Einwohner in Städten wird auch in Europa nach UN-Schätzungen von 74 % (1996) auf 83 % (2030) ansteigen. Viele Menschen wünschen sich eine urbane Gestaltung ihres Wohn- und Lebensraumes. Wertewandel und kulturelle Ansprüche, aber auch ein gewachsenes Umweltbewusstsein haben in der Bevölkerung zu veränderten, oft auch gegensätzlichen, Vorstellungen über das Bauen, Wohnen, Leben und Arbeiten geführt. Es kommt hinzu, dass sich derzeit ein weit reichender wirtschaftlicher, gesellschaftlicher, technologischer und sozialer Wandel in Deutschland vollzieht. Zugleich erleben die Kommunen und Regionen sowie die Bau- und Wohnungswirtschaft ihrerseits einen tiefgreifenden Strukturwandel, der mit erheblichen Auswirkungen, mit Risi-

---

[47]Vgl. Ittershagen 2008, S. 1.
[48]Vgl. Schulz 25.2.2008, S. 28.
[49]Vgl. BMAS 06.10.2010.

ken und Chancen im Hinblick auf die Qualität der Wohn-, Lebens-
und Arbeitsverhältnisse einhergeht. Damit sind neue Herausforderungen an die Verantwortlichen in Planung, Verwaltung und
Wirtschaft verbunden.[50]

Ein weiteres Phänomen in diesem Zusammenhang ist die sog.
Gentrifizierung. Als Gentrifizierung wird der Prozess der Aufwertung innerstädtischer Wohnquartiere durch den Zuzug von sozial Bessergestellten und damit die Verdrängung der sozial schwä-
cheren Schichten bezeichnet sowie der damit einhergehende Wandel der lokalen Infrastruktur. Dieser Vorgang vollzieht sich in verschiedenen Phasen: Das Interesse an bis dahin „heruntergekom-
menen" Quartieren geht meist von jugendlichen „Pionieren" aus.
Mit ihrem kulturellen Kapital machen sie das Gebiet interessant
und ziehen auf ihre Bedürfnisse zugeschnittene Gewerbebetriebe
nach. Dies macht für die Vermieter Investitionen in die vorhandenen Gebäude lohnenswert. Die sanierten Wohnungen werden
dann durch allein oder in Paarhaushalten lebende „Gentrifier" bezogen, die sich die gestiegenen Mieten leisten können.[51]

1.5 Verknappung von Ressourcen – wachsende (politische) Anforderungen an Ressourcenschonung, Klimaschutz und nachhaltige Entwicklung

Der Europäische Rat hat 2007 unter deutscher EU-Ratspräsident-
schaft die Weichen für eine integrierte europäische Klima- und
Energiepolitik gestellt. Zur nationalen Umsetzung der ambitionierten Ziele hat die Bundesregierung Ende 2007 das Integrier-

---

[50]Vgl. BMBF 2000, S. 3.
[51]Vgl. Schneider 1999, S. 11 f..

te Energie- und Klimaschutzprogramm (IEKP) beschlossen. Einen Schwerpunkt des IEKP bilden Maßnahmen zur Verbesserung von Energieeffizienz und Klimaschutz im Gebäudebereich. Der Gebäudebereich hat einen Anteil von rund 40 Prozent am gesamten Endenergieverbrauch in Deutschland und trägt mit 20 % zum CO_2-Ausstoß bei. (vgl. Abbildung 4)[52] Ein Schwerpunkt zum Er-

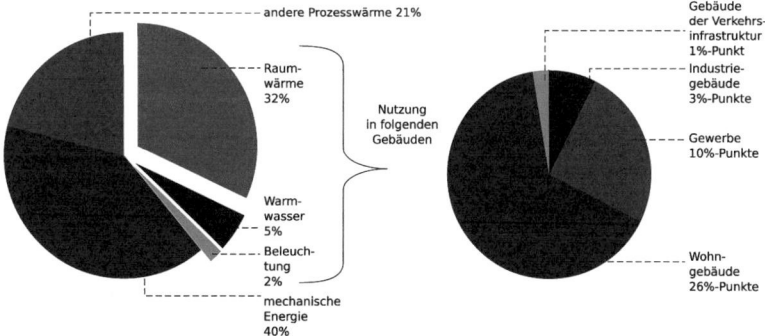

Abbildung 4: Endenergieverbrauch in Deutschland
Quelle: BMVBS 2009a, S. 69

reichen politischer Ziele im Bereich Ressourcenschonung und Klimaschutz ist die deutliche Verbesserung der energetischen Qualität von Neubauten sowie die energetische Modernisierung von Bestandsbauten. Ziel ist es u. a., die Sanierungsrate in den nächsten Jahren auf jährlich drei % des Wohnungsbestandes bzw. rund 390.000 Wohngebäude zu steigern. Das IEKP umfasst die Verschärfung bestehender ordnungsrechtlicher Maßnahmen.[53]

Diese Maßnahmen umfassen die Energieeinsparverordnung (EnEV) und das Erneuerbare-Energien-Wärmegesetz (EEWärmeG).

---

[52]Vgl. BMVBS 2009a, S. 69.
[53]Vgl. BMVBS 2009a, S. 12.

Ziel der EnEV ist es, neue energieeffiziente Gebäude zu erstellen und im Gebäudebestand vorhandene Möglichkeiten zur Steigerung der Energieeffizienz auszuschöpfen. Die EnEV 2009 erhöht die energetischen Anforderungen an Neubauten und Maßnahmen im Bestand. Desweiteren werden durch die EnEV Nachrüstverpflichtungen für Bestandsgebäude geregelt. vor.[54]

Das EEWärmeG schreibt vor, dass Eigentümer künftiger Gebäude einen Teil ihres Wärmebedarfs aus erneuerbaren Energien decken müssen. Das gilt für Wohn- und Nichtwohngebäude, deren Bauantrag bzw. -anzeige nach dem 1. Januar 2009 eingereicht wurde.[55]

Gegenstand der 1981 auf der Grundlage des Energieeinspargesetzes erlassenen HeizkostenV ist die Verpflichtung zur Erfassung des Energieverbrauchs für die zentrale Beheizung von Räumen und für die zentrale Warmwasserbereitung sowie die Verteilung der hierdurch entstandenen Kosten auf die Nutzer nach Verbrauch. Durch diese Kostenverteilung soll zum sparsamen Umgang mit Energie angespornt werden.[56]

Neben den erläuterten ordnungspolitischen Anforderungen existieren auch staatliche Förderungen mit dem Ziel, Anreize für energieeffizientes Bauen und Sanieren zu setzen. Der Schwerpunkt der Fördermaßnahmen liegt auf dem Wohnungsbestand, denn der Wohnungsneubau kann wegen seines geringen Anteils am Wohnungsmarkt nur einen geringen Beitrag zur Steigerung der Energieeffizienz im Gebäudebereich leisten. Zudem besteht im Bestand ein hohes Energieeinsparpotenzial, da drei Viertel der Gebäude vor dem Inkrafttreten der ersten Wärmeschutzverordnung 1979 errichtet worden sind. Die Förderung des energieeffizienten Bauens und Sanierens erfolgt über zinsverbilligte Kredite

---

[54]Vgl. Bundesministerium der Justiz.
[55]Vgl. Bundesministerium der Justiz.
[56]Vgl. Bundesministerium der Justiz.

und Investitionszuschüsse, die durch die Hausbank bzw. die KfW-Förderbank vergeben werden.[57]

1.6 Professionalisierung und Ökonomisierung der Wohnungs- und Immobilienwirtschaft

Infolge der stärkeren Orientierung an internationalen Kapitalmärkten muss sich die deutsche Wohnungs- und Immobilienwirtschaft zunehmend internationalen Benchmarks stellen und international üblichen Renditeerwartungen entsprechen. Dieser Druck erzwingt die Ausschöpfung vorhandener Wirtschaftlichkeitsreserven und Ertragspotenziale und führt zu einer stärkeren Professionalisierung der Immobilienbewirtschaftung. In der Wohnungswirtschaft erhielt die Professionalisierung durch verschiedene gesetzliche Deregulierungsmaßnahmen wichtige Impulse. Hierzu zählen insbesondere die Abschaffung der Wohnungsgemeinnützigkeit (1990), die Einführung der vereinbarten Förderung (1991) sowie die Abschaffung der im sozialen Wohnungsbau herkömmlicher Prägung geltenden Kostenmiete (2001). Damit wurden eine Reihe von Prinzipien und Vorschriften aufgegeben, die das unternehmerische Handeln großer Teile der Wohnungswirtschaft lange geprägt hatten. Die Deregulierung ermöglichte eine stärkere Orientierung des unternehmerischen Handelns an allgemeinen betriebswirtschaftlichen Grundsätzen.[58] Die Zielsysteme unterschiedlicher Wohnungsunternehmen mit kommunalem, genossenschaftlichem oder privatwirtschaftlichem Hintergrund zeichnen sich allerdings durch eine hohe Heterogenität aus. Dies lässt sich anhand von sehr unterschiedlichen Zielsetzungen wie Eigenkapitalrendite, Stadtrendite und unterschiedlichen Geschäftsmodellen verdeutlichen. Durch diese Heterogenität wird die Identi-

---

[57]Vgl. BMVBS 2009a, S. 73.
[58]Vgl. BMVBS 2009a, S. 15.

fizierung und Darstellung erfolgreicher Strategien für Wohnungsunternehmen erschwert. Es liegt daher nahe, je nach Art, Größe
oder Geschäftsmodell des Wohnungsunternehmens, von sehr verschiedenen Faktoren als Erklärung für Unternehmenserfolg auszugehen.[59]

Ein weiterer wichtiger Faktor der vergangenen Jahre waren zunehmende, grenzüberschreitende Immobilieninvestitionen durch
institutionelle Anleger. Die Gründe hierfür liegen in dem hohen Kapitalanlagebedarf, insbesondere von Pensionskassen, dem
Wunsch nach Risikodiversifizierung (geographisch wie auch hinsichtlich einzelner Immobilienklassen) sowie dem Bestreben Ren-
ditechancen systematisch zu nutzen. Beschleunigt wurde dieser
Prozess durch den Abbau nationaler Marktzutrittsschranken, die
Entwicklung neuer Finanzierungsinstrumente und das Wachstum
des globalen Immobilienmarktes.[60]

In diesem Zusammenhang ist auch die zunehmende Verwendung
internationaler Rechnungslegungsvorschriften wie der International Financial Reporting Standards (IFRS) zu nennen. Immobilienunternehmen, insbesondere die Untergruppe der bestandshal-
tenden Wohnungsunternehmen, sind durch die Marktwertfokus-
sierung der IFRS zur kontinuierlichen Ermittlung, Planung und
Überwachung der Immobilienwerte gezwungen.[61]

In zunehmendem Maße werden unternehmenseigene Wohnungs-
bestände, Verwaltungs- und Wirtschaftsgebäude heute als gebun-
denes Kapital angesehen, das seinen Beitrag zum Unternehmenserfolg leisten muss. Im Zuge der Konzentration auf ihr Kernge-
schäft trennen sich Unternehmen und öffentliche Hand daher verstärkt von ihren Immobilienbeständen. Dies erlaubt eine bessere
Arbeitsteilung und Spezialisierung der Immobilienwirtschaft und

---

[59]Vgl. Lohse/Pfnür 2008, S. 11 f.
[60]Vgl. Eekhoff et al. 2007, S. 32 ff.
[61]Vgl. Jaeger 2009, S. 247.

verschafft ihr große Wachstumspotenziale. Damit einher gehen höhere Anforderungen an Qualität und Ausstattung von Mietobjekten vor allem bei gewerblicher Nutzung.[62] Der Trend zu höherer Professionalität erfordert ebenfalls gut ausgebildete und qualifizierte Mitarbeiterinnen und Mitarbeiter sowie Führungskräfte. Seit Ende der 1990er-Jahre nimmt das Angebot an immobilienwirtschaftlichen Studiengängen in Deutschland stetig zu. Während es im Jahr 2000 erst neun Studiengänge gab, liegt ihre Zahl inzwischen bei 71 (2008) mit über 3000 Studierenden im ersten Semester (2007).[63] Die Studiengänge sind interdisziplinär ausgerichtet. Gefragt ist eine breite Kompetenz der Absolventinnen und Absolventen, zu der neben betriebswirtschaftlichen und ingenieurwissenschaftlichen Inhalten auch vertiefte Kenntnisse der Architektur und Stadtentwicklung gehören. Die Studienlandschaft gilt inzwischen im Hinblick auf Praxiserfordernisse auch im internationalen Vergleich als gut aufgestellt. Die Immobilienwirtschaft erhält eine breite Basis von qualifizierten Nachwuchskräften mit umfassenden Branchenkompetenzen. Auch die zunehmende Zahl spezialisierter Forscherinnen und Forscher liefert für die Praxis wertvolle Impulse.[64]

Zusammenfassend lässt sich festhalten, dass die Berücksichtigung betriebswirtschaftlicher Entscheidungskalküle für Wohnungsunternehmen an Bedeutung gewinnt. Höhere Bedeutung des Effizienzgedankens, höhere Transparenz über erbrachte Leistungen und verursachte Kosten sowie wichtiger werdende Controllingsysteme sind die Folge dieser zunehmenden Ökonomisierung.[65]

---

[62]Vgl. BMVBS 2009a, S. 27.
[63]Vgl. Voigtländer 2008, S. 4.
[64]Vgl. BMVBS 2009a, S. 15.
[65]Vgl. Lohse/Pfnür 2008, S. 38-39.

2 Die Besonderheiten des Wirtschaftsgutes Immobilie und des Immobilienmarktes

Immobilien unterscheiden sich wesentlich von anderen Wirtschaftgütern. Inbesondere im Vergleich mit den Eigenschaften mobiler Güter zeigen sich grundlegende Charakteristika der Immobilie, die eine individuelle Betrachtung erforderlich machen.[66] Die Besonderheiten des Wirtschaftsgutes können unterteilt werden in Besonderheiten, das pysische Produkt, d.h. das Gebäude betreffend, und in Besonderheiten, den Immobilienmarkt betreffend.

2.1 Produktmerkmale

Unter Produktmerkmale sollen die spezifischen Eigenschaften von Immobilien erläutert werden, mittels derer Immobilien gegenüber anderen Wirtschaftgüter abgegrenzt werden können.

Lange Produktionsdauer

Ein wichtiges Charakteristikum von Immobilien ist die vergleichsweise lange Produktionsdauer, wobei der Begriff Produktionsdau-

---

[66]Vgl. Allendorf/Schulte 2000, S. 18.

er in diesem Kontext nicht nur die unmittelbare Bauphase, sondern vielmehr auch die vorgelagerten Planungs- und Genehmigungsphasen umfasst. In Abhängigkeit der Größenordnung des zu realisierenden Projektes und der angestrebten Nutzungsart kann der Zeitraum zwischen zwei und fünf Jahren liegen.[67] Im Bereich von Gewerbeimmobilien wie beispielsweise Büroimmobilien ist eine eher lange Produktionsdauer anzunehmen. Mit zunehmender Größe des Vorhabens steigt der Zeitaufwand für die Akquisition eines geeigneten Grundstückes und die sich an die Bauphase anschließende Vermarktungs- und Vertriebsphase. Bei Wohnimmobilien hängt die Zeitdauer zusätzlich vom gewählten Fertigungsverfahren ab.[68] Die Langwierigkeit des Produktionsprozesses bedingt, dass die Reaktionsfähigkeit und Anpassungsflexibilität des Immobilienangebotes auf Nachfrageschwankungen sehr träge sind. Dieses auch empirisch beobachtbare Time-Lag bedingt ein höheres ökonomisches Risiko der Projektentwicklung und ist eine der Ursachen für die zunehmenden zyklischen Schwankungen von Nachfrage, Miethöhe und Leerstand.[69]

Dauerhaftigkeit

Immobilien sind eines der langlebigsten Wirtschaftsgüter. Während die Lebensdauer von Grund und Boden zeitlich nicht begrenzt ist, wird bei Gebäuden zwischen einer physischen und einer ökonomischen Lebensdauer unterschieden.[70] Die rein physische Lebensdauer einer Immobilie beträgt üblicherweise 80 Jahre und mehr. Die wirtschaftliche Lebensdauer hingegen ist wesentli-

---

[67]Vgl. Brauer 2006, S. 20.

[68]Im Wohnungsbau, insbesondere im Bereich von Einfamilienhäusern sind industrielle Fertigungsverfahren weit verbreitet. Durch diese sog. Fertighäuser kann die Produktionsdauer, die im Mittel bei Wohnimmobilien mit ca. zwei Jahren angenommen wird, enorm verkürzt werden.

[69]Vgl. Allendorf/Schulte 2000, S. 20.

[70]Vgl. Allendorf/Schulte 2000, S. 20.

chen kürzer. Die wirtschaftliche Lebensdauer hängt stark von der jeweiligen Nutzungsart der Immobilie ab.[71] Sowohl die physische als auch die ökonomische Lebensdauer können durch geeignete Instandhaltungs- und Modernisierungsstrategien beeinflusst werden.

Standortgebundenheit

Ein weiteres wichtiges Charakteristikum von Immobilien ist deren Immobilität, d. h. deren Unbeweglichkeit und damit Standortgebundenheit. Dieses Merkmal zieht zwei Betrachtungsweisen nach sich: Zum einen die Bindung an den Boden gemäß § 94 BGB[72], wonach zu den wesentlichen Bestandteilen eines Grundstückes die mit dem Grund und Boden fest verbundenen Sachen, insbesondere Gebäude, gehören. Zum anderen der Boden als komplementäres Gut zum Gebäude. Der Bodenmarkt kann als dem Immobilienmarkt vorgelagerter Markt betrachtet werden. Das heißt, dass die immobilienwirtschaftliche Marktentwicklung determiniert wird von der Qualität und Quantität der Baulandausweisung.[73] Die Standortgebundenheit ist damit auch ausschlaggebend für die Einzigartigkeit des Wirtschaftsgutes (Heterogenität) und macht die Abhängigkeit von äußeren Einflussfaktoren deutlich. Der Wert einer Immobilie ist in entscheidendem Maße abhängig von seiner Lage, d.h. von der Nachbarbebauung, die Infrastruktur am Standort, der Anbindung an den ÖPNV usw.[74]

---

[71]Vgl. Alda/Hirschner 2005, S. 13.
[72]Vgl. Bundesministerium der Justiz, S. 33.
[73]Vgl. Brauer 2006, S. 10.
[74]Vgl. Kippes 2005, S. 22.

Heterogenität

Die im vorangegangenen Abschnitt erläuterte Standortgebunden-heit impliziert ein weiteres Merkmal: die Heterogenität. Die Im-mobilien unterscheiden sich allein schon als Objekte anhand von Merkmalen wie Gebäudegröße, Raumaufteilung und Raumgrö-ße, Ausstattung, Baualter, Qualität und Zustand der einzelnen Bauelemente. Zusätzlich fließt die Grundstücksgröße mit ein. Als wichtiger weiterer Aspekt wirkt die Lage der Immobilie, die sich als komplexes Zusammenspiel der Mikro-, Meso- und Makrolage äußert, von der Nachbarschaft über die infrastrukturelle Anbin-dung, Versorgungs- und Arbeitsmöglichkeiten bis hin zur regio-nalen Wirtschaftssituation.[75]

Begrenzte Substituierbarkeit

Die quantitative Nachfrage nach sowohl Wohn- als auch Gewer-befläche wird nicht nur vom Preis, sondern auch ganz entschei-dend vom subjektiv empfundenen Platzbedarf determiniert. Dar-aus ergibt sich eine weitere Besonderheit: die begrenzte Substi-tuierbarkeit von Raum durch andere Wirtschaftsgüter.[76] Der Be-darf an Raum lässt sich zwar in zeitlicher und qualitativer Hin-sicht in gewissem Maß aufschieben, jedoch nicht durch alternative Güter ersetzen.[77] Das heißt, es besteht kein Ersatzbedarf, sondern höchstens neuer oder veränderter Bedarf. Je nach Nutzungsart kann dies beispielsweise durch Änderungen in Familienstruktu-ren, Einkommensverhältnissen oder Produktion geschehen.[78] Die in der Markttheorie unterstellte Bedingung, dass die Marktpar-

---

[75]Vgl. Schürt 2010, S. 13.
[76]Vgl. Allendorf/Schulte 2000, S. 20.
[77]Vgl. Frehse/Weiermair/Baurmann 2007, S. 25.
[78]Vgl. Hellerforth 2007, S. 3.

teien auf unterschiedlich kleine Änderungen reagieren und somit Preis- und Einkommenselastizitäten erechenbar sind, lässt sich aus den genannten Gründen nur sehr bedingt auf den Immobilienmarkt übertragen.[79]

Kapitalintensivität

Die Erstellung oder der Erwerb von Immobilien ist mit einem hohen Kapitalbedarf verbunden. Dieser hohe Kapitalbedarf kann nur in den wenigsten Fällen mit vorhandenem Eigenkapital gedeckt werden.[80] Dies führt dazu, dass die Zugangsbarrieren zum Immobilienmarkt sehr hoch sind und damit nur ein begrenzter Kreis von Akteuren in der Lage ist, Immobilien zu erwerben. Die mit dem Erwerb verbundene Transaktion löst ebenfalls hohe Kosten aus. Einerseits sind direkte Zahlungen wie beispielsweise Grunderwerbssteuer oder Notargebühren zu nennen und andererseits fallen, bedingt durch die geringe Markttransparenz, Informations- und Suchkosten an wie beispielsweise Maklerhonorare oder Immobiliengutachten.[81] Eine weitere kapitalintensive Position kann, je nach Größe und Nutzungsart der Immobilie, der laufende Betrieb sein.

Veränderlichkeit der Nutzungsleitungen

Im Zeitverlauf sind sowohl der von einem Gebäude ausgehende Nutzungsstrom als auch die Verhaltensweisen der Beschäftigten oder Haushalte in Bezug auf Arbeits- und Wohngewohnheiten Veränderungen unterworfen. Daraus resultieren möglicherweise

---

[79]Vgl. Jenkis 2001, S. 371.
[80]Vgl. Strunkheide 2004, S. 6.
[81]Vgl. Allendorf/Schulte 2000, S. 21.

Divergenzen zwischen den Eigenschaften des einmal erstellten Gebäudes und den im Zeitverlauf geänderten Anforderungen an ein Gebäude. Eine Anpassung des Bestandsangebotes an veränderte Bedürfnisse ist nicht unmittelbar möglich. Die Diskrepanz zwischen den gewünschten und den tatsächlich bestehenden Eigenschaften kann durch entsprechende Veränderungen, z. B. Modernisierung, ausgeglichen und der in Zusammenhang mit einem Mieterwechsel stehende Leerstand vermieden werden.[82]

2.2 Merkmale des Marktes

In der volkswirtschaftlichen Theorie wird u. a. zwischen vollkommenen und unvollkommenen Märkten unterschieden. Ein Markt ist vollkommen, wenn folgende Bedingungen erfüllt sind:

1. Homogenität der angebotenen Güter

2. Absolute Angebotselastizität

3. Vollständige Markttransparenz

4. Unendliche Anzahl von Anbietern und Nachfragern

Wenn die genannten Bedingungen erfüllt sind, kann von einem vollkommenen Markt gesprochen werden. Auf einem solchen Markt gibt es zu jedem Zeitpunkt für jedes Gut nur einen Preis. Ist eine der genannten Bedingungen nicht erfüllt, kann von einem unvollkommenen Markt gesprochen werden.[83] Wendet man diese Bedingungen auf den Immobiliemarkt an, so kann konstatiert werden:

---

[82]Vgl. Kühne-Büning 2005, S. 11.
[83]Vgl. Siebert/Lorz 2007, S. 92 und Brauer 2006, S. 13.

1. Die angebotenen Güter sind heterogen. Es bestehen zwangsläufig Präferenzen für bestimmte Anbieter oder Angebote.

2. Es besteht eine geringe Angebotselastizität gegenüber Nachfrageänderungen, bedingt durch die lange Produktionsdauer von Immobilien.

3. Vollständige Markttransparenz ist infolge der vielen unterschiedlichen Akteure und der ausgeprägten Komplexität von Immobilien nicht möglich.

4. Die Anzahl der agierenden Anbieter und Nachfrager ist durch die hohe Kapitalintensität begrenzt.

Damit wird deutlich, dass der Immobilienmarkt ein stark unvollkommener Markt ist. Die Besonderheiten des Immobilienmarktes gegenüber anderen Gütermärkten resultieren aus den spezifischen Eigenschaften der Immobilien. Genau wie die Immobilie als eine Abstraktion für die verschiedenartigen mit dem Grund und Boden verbundenen Gebäude ist, ist in Analogie dazu der Immobilienmarkt eine Abstraktion für die einzelnen Märkte, auf denen bebaute und unbebaute Grundstücke gehandelt werden. Es existiert somit nicht ein einzelner Immobilienmarkt. Vielmehr ist der Immobilienmarkt als eine Summe von unterschiedlich strukturierten Teilmärkten zu betrachten.[84]

---

[84]Vgl. Brauer 2006, S. 14.

3 Zusammenfassende Betrachtung

Im Bereich der sog. Megatrends existiert eine Vielzahl an Forschungsarbeiten. Die verschiedenen Trends und ihre Auswirkungen auf Umwelt und Gesellschaft werden insbesondere in von der Europäischen Union und der Bundesregierung geförderten Forschungsarbeiten untersucht.[85]

Durch die Erläuterung der ausgewählten Megatrends konnte die Dynamik des Veränderungsprozesses unserer Umwelt verdeutlicht werden. Es wurden insbesondere diejenigen Trends betrachtet, die Auswirkungen auf das aktuelle und zukünftige Wohnen und Arbeiten haben.

Nach der Definition von Naisbitt können Megatrends anhand ihrer Auswirkungen identifiziert werden. Bei der Betrachtung der Megatrends wird deutlich, dass zwischen den verschiedenen Trends zum einen, Wechselwirkungen bestehen und zum anderen Trends andere Trends bedingen. Ein Beispiel für auftretende Wechselwirkungen ist der demographische Wandel und die soziodemographische bzw. die sozialräumliche Polarisierung. Beide Phänomene können aufgrund ihrer teils sehr unterschiedlichen Auswirkungen jeweils als eigene Megatrends charakterisiert werden. Im Bereich der Ursachen sind jedoch deutliche Überschneidungen zu erkennen. Ein Beispiel für Abhängigkeiten zwischen Trends sind der Klimawandel und Aspekte des einsetzenden Wertewandels in der Gesellschaft.

---

[85]Vgl. u.a. Greiving et al. 2009, S. 12, BMVBS 2009a, S. 17, BMBF 2005, S. 136.

Weitere wichtige Aspekte bei der Betrachtung der Megatrends sind die zeitliche Dynamik und die regionale Ausdifferenziertheit der Wirkungsweise. Insbesondere die drei Megatrends demographischer Wandel, Klimawandel und sozioökonomische Polarisierung sind Entwicklungen die sich in verschiedenen Regionen mit unterschiedlicher zeitlicher Dynamik auswirken. Diese Auswirkungen lassen für die verschiedenen Regionen, insbesondere im Bereich Klimawandel und demographischer Wandel, bis zu einem gewissen Grad prognostizieren.

Im Bereich der Trends Wertewandel, wachsende Anforderungen an Ressourcenschonung und Professionalisierung ist die regionale Ausdifferenziertheit geringer ausgeprägt. Eine zeitliche Dynamik ist bei den wachsenden Anforderungen an Ressourcenschonung in Zusammenhang mit der schrittweisen Verschärfung von Gesetzen wie beispielsweise der EnEV zu erkennen.

Die Besonderheiten des Wirtschaftsgutes Immobilie sind von verschiedensten Autoren hinreichend beschrieben. Die herausragendsten Eigenschaften sind die Standortgebundenheit und die Heterogenität, wobei die Standortgebundenheit die Heterogenität zum Teil bedingt.

Eine weitere prägende Eigenschaft von Immobilien ist, dass sie nicht nur Wirtschaftsgüter sind, sondern auch Lebensraum und Arbeitsplatz, 80 % bis 90 % unserer Zeit verbringen wir in Innenräumen.[86] Kaum ein anderes Wirtschaftsgut steht in einer derart starken Wechselbeziehung mit den Bedürfnissen des Menschen. Diesem Umstand ist es geschuldet, dass Immobilien prinzipiell niemals losgelöst von ihrem Verwendungszweck und den daraus resultierdenen spezifischen Anforderungen der Nutzer betrachtet werden können.

---

[86]Vgl. Landesgesundheitsamt Baden-Württemberg 14.11.2005.

Teil C

Betrachtung ausgewählter Prozesse des immobilienwirtschaftlichen Risikomanagements mit Schwerpunkt Wohnungswirtschaft

Ausgangspunkt für die Bearbeitung dieses und der folgenden Teilthemen ist die Notwendigkeit zur Unterstützung der Umsetzung von Prinzipien einer nachhaltigen Entwicklung in der Wohnungs- und Immobilienwirtschaft sowie der Lösung der Aufgabe, die Wechselwirkungen zwischen u. a. ökonomischen, ökologischen, sozialen, technischen, funktionalen und städtebaulichen Aspekten noch stärker in den verwendeten Methoden und Instrumenten zu berücksichtigen. Es besteht das Ziel, durch eine Weiterentwicklung dieser Methoden und Instrumente die jeweiligen Akteure in der Wahrnehmung ihrer Verantwortung gegenüber Umwelt und Gesellschaft zu unterstützen, ganz im Sinne der UNEP-Erklärung der Finanzinstitute zur Umwelt und zur nachhaltigen Entwicklung, die im Punkt 2.3 fordert: „Wir erkennen, dass die Identifizierung und Quantifizierung von Umweltrisiken einen Bestandteil der üblichen Risikobeurteilungs- und Risikomanagementverfahren bilden müssen."[87]

In diesem Kapitel erfolgt eine Einführung in ausgewählte Prozesse des immobilienwirtschaftlichen Risikomanagements. Schwerpunkte der Betrachtung sind die Risikoidentifikation und die qualitativen Risikobewertungsmethoden, insbesondere das Scoring-Verfahren. Der Bereich der Risikoidentifikation wird bisher von den meisten Autoren mit Fokus auf der Identifizierung von Einzelrisiken und Risikokategorien behandelt. Urschel hat hierzu elf repräsentative Autoren ausgewertet.[88] In diesem Teil der Arbeit soll daher der Schwerpunkt auf der Identifikation der risikobestimmenden Informationen liegen, d. h. wie können diejenigen Eigenschaften und Merkmale identifiziert und erfasst werden, die Auskunft über die Ausprägung eines Risikos geben.

In Abbildung 5 ist der Prozess des Risikomanagements dargestellt, wie er in der immobilienwirtschaftlichen Literatur in der Regel be-

---

[87]Vgl. UNEP FI.
[88]Vgl. Urschel 2010.

schrieben wird. Die dunkel hinterlegten Felder kennzeichnen die schwerpunktmäßig in diesem Kapitel dargelegten Bereiche.

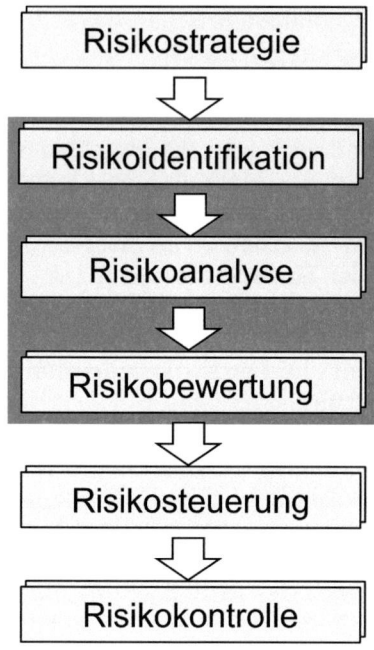

Abbildung 5: Prozess des Risikomanagements
Quelle: In Anlehnung an Maier/Graf 2007, S. 15-22, Lutz/Klaproth 2004, S. 50 ff, Pöschl 2004, S. 84-94, Beinert 2003, S. 26-29, Nemuth 2006, S. 9-15, Romeike 2005, S. 26, Bradler 2004, S. 242, Schröder 2005, S. 69-72

1 Risikostrategie

Die allgemeine Zielsetzung des Risikomanagements steht in enger Wechselwirkung mit der Strategie und der Philosophie des handelnden Unternehmens. Die Risikostrategie ist somit Bestandteil der Gesamtunternehmensstrategie und gibt das Verhältnis zwischen Chancen und Risiken an. Dabei müssen die Ausprägungen der möglichen Risiken, die eigene Risikobereitschaft und die maximal mögliche Risikotragfähigkeit berücksichtigt werden.[89]

Bei der Festlegung der Gesamtrisikostrategie sind verschiedene Aspekte zu berücksichtigen und zu einer Gesamtstrategie zu verbinden. Hierzu zählt insbesondere die Gesamtsituation des Unternehmens, die für das Unternehmen geltenden gesetzlichen Rahmenbedingungen, die Art und der Umfang der im Unternehmen betriebenen Geschäfte und der damit verbundenen Risiken, die Besonderheiten des konkreten Unternehmens und die mit dem Risikomanagement neben dem Schutz des eigenen Unternehmens verfolgte Zielsetzungen.[90]

Die auf Ebene der Unternehmensleitung festgelegte Gesamtrisikostrategie sollte in Grundsätzen und Leitlinien für den Umgang mit Risiken ausdifferenziert und unternehmensweit kommuniziert werden. Im Rahmen von risikopolitischen Grundsätzen können insbesondere Leitlinien für die Risikobeurteilung und Risikosteuerung festgelegt werden. Hierzu gehört z. B. die Bestimmung der Ausrichtung der Risikopolitik (ursachen- oder wirkungsbe-

---

[89]Vgl. Lechelt 2001, S. 8.
[90]Vgl. Stock 2009, S. 70.

zogen). Ergänzend sollte eine unternehmensspezifische Priorisierung verschiedener Risikoarten und Risiken vorgenommen werden, d. h. es wird festgelegt, welche Risiken grundsätzlich vermieden werden sollen, auf welche Risiken ein besonderer Schwerpunkt gelegt wird und bei welchen Risiken die korrespondierenden Chancen in die Bewertung mit einbezogen werden. Zudem umfasst die Risikopolitik die Schaffung von Leitlinien zur Ausgestaltung des Risikomanagementprozesses und zu den hierbei einsetzbaren Methoden und Instrumenten. Die Festlegung von Risikolimits nimmt in diesem Zusammenhang einen besonders hohen Stellenwert ein, da diese gesetzlich gefordert sind. Limitsysteme werden insbesondere für die Beurteilung der Wesentlichkeit von Risiken eingesetzt und können zudem zur Festlegung von Informations- und Steuerungspflichten genutzt werden.[91]

Bei Unternehmen der Wohnungswirtschaft variiert die Schwerpunktsetzung der Risikostrategie je nachdem, ob es sich um gemeinnützige oder kapitalmarktorientierte Unternehmen handelt. Des Weiteren ist die Wohnungswirtschaft in der Ausrichtung ihrer Risikostrategie bzw. Risikopolitik geprägt von rechtlichen Determinanten.

1.1 Rechtliche Determinanten der Risikostrategie

Die wichtigsten Regelungen, die die Risikostrategie von Unternehmen der Wohnungswirtschaft beeinflussen, sind im Folgenden kurz zusammengefasst.

---

[91]Vgl. Stock 2009, S. 71.

1.1.1 Gesetz zu Kontrolle und Transparenz (KonTraG)

Das Gesetz zur Kontrolle und Transparenz im Unternehmensbereich (KonTraG) ist seit Mai 1998 in Kraft. Die Hauptanliegen des Gesetzes sind Verbesserungen im Rahmen der Arbeit des Aufsichtsrates, Erhöhung der Transparenz, Stärkung der Kontrolle durch die Hauptversammlung , Abbau von Stimmrechtsreduzierungen, Zulassung moderner Finanzierungs- und Vergütungsinstrumente, Verbesserung der Qualität der Abschlussprüfung und der Zusammenarbeit von Abschlussprüfer und Aufsichtsrat sowie die kritische Prüfung des Beteiligungsbesitzes von Kreditinstituten.[92] Das KonTraG ist ein sog. Artikelgesetz, durch das eine Vielzahl anderer Gesetze, insbesondere im Bereich des Aktiengesetzes, verändert wird.[93] Durch das Gesetz zur Kontrolle und Transparenz im Unternehmensbereich werden Aspekte des Risikomanagements gesetzlich verankert. Die Immobilienwirtschaft wird dadurch veranlasst, sich mit einem umfassenden Risikomanagement auseinanderzusetzen.[94]

1.1.2 Basel II

Der Begriff „Basel II" bezieht sich auf die Empfehlungen zur Bankenregulierung des Basler Ausschusses für Bankenaufsicht. Der Basler Ausschuss besitzt keine Gesetzgebungs- oder Regelungskompetenz. Die Empfehlungen werden allerdings in vielen Ländern in nationales Recht umgesetzt.[95] In Deutschland finden sich entsprechende Regelungen im Gesetz über das Kreditwesen (KWG), der Solvabilitätsverordnung (SolvV), der Groß- und

---

[92]Vgl. Deutscher Bundestag, S. 1.
[93]Vgl. Lutz/Klaproth 2004, S. 47.
[94]Vgl. Lange 2005, S. 95.
[95]Vgl. Urschel 2010, S. 43.

Millionenkreditverordnung (GroMiKV) sowie den Mindestanforderungen an das Risikomanagement (MaRisk) der Bundesanstalt für Finanzdienstleistungsaufsicht (BaFin), ´die § 25 KWG präzisieren.[96]

Auf das Risikomanagement von Immobilienunternehmen bezogen ist in erster Linie die Eigenkapitalunterlegung von Krediten interessant. Diese soll nach den neuen Eigenkapitalvorschriften stärker an das Ausfallrisiko des Kredits angepasst werden und im Durchschnitt bei mindestens 8 % liegen.[97] Die Bewertung des Ausfallrisikos erfolgt durch ein Rating.[98] Das Rating berücksichtigt sowohl die Bonität des Schuldners als auch die Werthaltigkeit des Immobilienobjektes oder der Immobilienobjekte.[99] Des Weiteren werden auch sog. weiche Faktoren wie die Managementqualität und die Innovationskraft einer Unternehmung berücksichtigt.[100]

Am 12. September 2010 haben die Chefs der Notenbanken und Aufsichtsbehörden von 27 Staaten im Baseler Ausschuss für Bankenaufsicht eine weitere Verschärfung der Eigenkapitalregeln beschlossen. Die neuen Eigenkapitalregeln, auch Basel III genannt, ziehen die Konsequenzen aus der Finanzmarktkrise und sollen dazu beitragen, dass Banken sich im Krisenfall aus eigener Kraft stabilisieren und retten können.[101]

---

[96]Vgl. Bundesanstalt für Finanzdienstleistungsaufsicht.
[97]Vgl. Romeike 2004, S. 16.
[98]Auf den Begriff Rating wird in Teil C, Abschnitt 4.1 näher eingegangen.
[99]Vgl. HVB Expertise GmbH/Trotz 2004, S. 4 und S. 15-16.
[100]Vgl. Reichling 2003, S. 15-17.
[101]Vgl. Bundesministerium der Finanzen.

1.1.3 Beleihungswertermittlungsverordnung

Die Regelungen der Beleihungswertermittlungsverordnung (Bel-
WertV) stellen einen wichtigen Beitrag zur Steigerung der Transparenz der kreditwirtschaftlichen Immobilienbewertung dar.[102]
Anforderungen an die Methodik der Wertermittlung und an die
Qualität der Gutachter werden einheitlich und transparent festgelegt. Der Beleihungswert stellt einen sog. „Dauerwert" dar. Dieser
berücksichtigt zur Absicherung von Unsicherheiten, die in der zukünftigen Wertentwicklung von Grundstücken entstehen, das für
das Objekt existente Risiko.[103]

1.2 Zusammenfassung

Die Risikostrategie eines Unternehmens bildet den Ausgangspunkt für alle Teilprozesse des Risikomanagements. Hierbei muss
das handelnde Unternehmen Festlegungen hinsichtlich Risikobereitschaft und maximaler Risikotragfähigkeit treffen. Des Weiteren
müssen die Methoden und Instrumente zum Umgang mit Risiken
definiert werden. Diese erste Auseinandersetzung eines Unternehmens mit Risiken, erfolgt unter Berücksichtigung der jeweils
geltenden gesetzlichen Rahmenbedingungen. Durch die Regelungen des KonTraG werden Unternehmen zur Einführung eines Risikomanagementsystems verpflichtet. Zudem werden durch die
BelWert, Anforderungen an die Methodik der Wertermittlung und
die Qualität der Gutachter definiert. Die Eigenkapitalunterlegung
von Krediten wird durch die aus Basel II resultierenden Vorschriften geregelt.

---

[102]Vgl. Verband Deutscher Pfandbriefbanken 2006.
[103]Vgl. Wuchert 2008, S. 10.

2 Risikoidentifikation

Risiken entstehen grundsätzlich dadurch, dass bestimmte Erwartungen hinsichtlich einer definierten Zielsetzung nicht erfüllt werden. Die Auswirkungen einer Risikosituation sind also in der Gefahr einer Abweichung vom erwarteten Ziel zu sehen. Dieses Risikoverständnis schließt dabei sowohl eine negative als auch eine positive Zielabweichung ein.[104] Die Identifikation der Risiken (und Chancen) umfasst die möglichst vollständige Erfassung und Dokumentation aller Gefahrenquellen und Störpotenziale sowie sich ergebender Chancen in den Geschäftsprozessen des Unternehmens zum Investitionszeitpunkt und in vorausschauender Betrachtung, d. h. die Risikoidentifizierung stellt einen permanenten Prozess dar. Ziel dieses Prozesses ist die vollständige und zeitnahe Erkennung von Risiken.[105] Voraussetzung für diese Vorgehensweise ist es, in einem ersten Schritt einheitliche Begrifflichkeiten für die jeweiligen Risiken festzulegen. Dadurch können Systematisierungsansätze gewählt werden, die dazu beitragen können, die Risiken zu operationalisieren. Die Erfassung und Dokumentation der Gefahrenquellen und Störpotenziale fokussieren sich im Kontext dieser Arbeit auf die Eigenschaften und Merkmale eines Gebäudes. In diesem Zusammenhang müssen im Prozess der Risikoidentifikation auch die Informationsquellen der risikorelevanten Informationen benannt werden.

---

[104]Vgl. Jedem 2006, S. 61.
[105]Vgl. Schmitz/Wehrheim 2006, S. 34 und S. 53.

In der Immobilienwirtschaft existiert eine nahezu unbegrenzte Anzahl von Einzelrisiken.[106] Verschiedene Autoren haben diese in der Vergangenheit identifiziert und analysiert. Die bisher umfangreichste Zusammenstellung aller Einzelrisiken in der Immobilienwirtschaft findet sich bei Urschel. Urschel versucht, die bisher übliche Darstellung von Risiken aus einer akteursspezifischen Sicht zu überwinden, und wertet verschiedene repräsentative Beiträge zum Thema Immobilien-Risikomanagement aus.[107] Um für die weitere Vorgehensweise einen Satz von Einzelrisiken festzulegen, auf den im Folgenden Bezug genommen werden kann, wurde in Anlehnung an die Vorgehensweise von Urschel eine Literaturrecherche durchgeführt, bei der folgende Veröffentlichungen ausgewertet wurden:

- Alda/Hirschner 2005, S. 49 ff

- Bulwien 2001, S. 270 ff

- Dietrich 2005, S. 165 ff

- Gondring 2004, S. 257 ff

- Jedem 2006, S. 140 ff

- Kook 2003, S. 39 ff

- Lange 2005, S. 253 ff

- Lausberg 2001, S. 146 ff

- Maier/Graf 2004, S. 172 ff

---

[106]Vgl. Lutz/Klaproth 2004, S. 19.
[107]Vgl. Urschel 2010, S. 114/115 und S. 123.

- HVB Expertise GmbH/Trotz 2004, S. 45 ff

- Schulte et al. 2005, S. 359 ff

- Wüstefeld 2000, S. 109 ff

Im Sinne eines „kleinsten gemeinsamen Nenners" wurden in folgender Tabelle 1 alle Einzelrisiken zusammengefasst, die von mindestens zwei der gelisteten Autoren genannt werden. Bei den in Tabelle 1 aufgeführten Risiken sei darauf hingewiesen, dass es sich um eine Zusammenfassung in der Literatur aufgeführter Risiken handelt. Diese Liste erhebt keinen Anspruch auf Vollständigkeit. Insgesamt ist festzustellen, dass sich in der immobilienwirtschaftlichen Theorie und Praxis bisher keine einheitliche Beschreibung der immobilienspezifischen Risiken durchsetzen konnte. Anstatt der Bezeichnung Immissionsrisiko, wird im Folgenden die Bezeichnung Risiken für die lokale Umwelt eingeführt.

2.1 Gliederung und Systematisierung von Risiken

Neben der detaillierten Systematisierung von Risiken empfiehlt es sich aus Gründen der Handhabbarkeit und Übersichtlichkeit, die bisher identifizierten Risiken zu gliedern. In folgender Abbildung 6 ist der gewählte Gliederungsansatz dargestellt. In den folgenden Darstellungen wird auf die hier abgebildete Gliederung Bezug genommen.

	Alda, Willi; Hirschner, Joachim (2005), S. 49 ff.	Bulwien, Hartmut (2002), S. 270 ff.	Dietrich, Reinhard (2005), S. 165 ff.	Gondring (2004) S. 257 ff.	Jedem Ulrike (2006), S. 140 ff.	Kook; Sydow (2003), S. 39 ff.	Lange (2002), S. 253 ff.	Lausberg, Carsten (2001), S. 146	Maier (2004), S. 172 ff.	Trotz (2004), S. 45 ff.	Väth; Hoberg (2005), S. 359 ff. auch Väth; Isenhöfer (2000b), S. 319 ff.	Wüstefeld (2000), S. 109 ff.
Anbindungs - und Versorgungsrisiko	•	•	•	•	•	•	•	•	•	•	•	•
Demographisches Risiko	•	•	•	•	•	•	•		•	•	•	•
Großschadensrisiko Naturgefahren					•				•			
Imagerisiko		•	•	•	•				•	•	•	
Politisches und rechtliches Risiko	•	•	•		•		•		•	•	•	•
Soziales Risiko	•	•	•	•	•	•	•		•	•	•	•
Finanzmarkt- und Währungsrisiko								•	•	•	•	
Immobilienmarktrisiko	•	•	•	•	•	•		•	•		•	•
Konjunkturrisiko	•	•	•	•	•	•		•	•	•	•	•
Liquiditätsrisiko								•	•			
Zinsänderungs- /Finanzierungsrisiko					•			•	•	•		
Abnahmerisiko								•				•
Fertigstellungsrisiko	•							•				•
Immissionsrisiko					•	•			•	•		
Planungsrisiko								•				•
Substanzrisiko (Boden- /Baugrundrisiko)	•	•	•	•	•	•	•	•	•	•	•	•
Wertänderungsrisiko	•	•				•	•	•	•	•	•	•
Bonitätsrisiko (Mieter)								•		•	•	
Leerstandsrisiko					•	•	•	•		•	•	•
Mietausfallrisiko					•		•	•		•	•	•

Tabelle 1: Literaturauswertung Risiken
Quelle: Eigene Darstellung

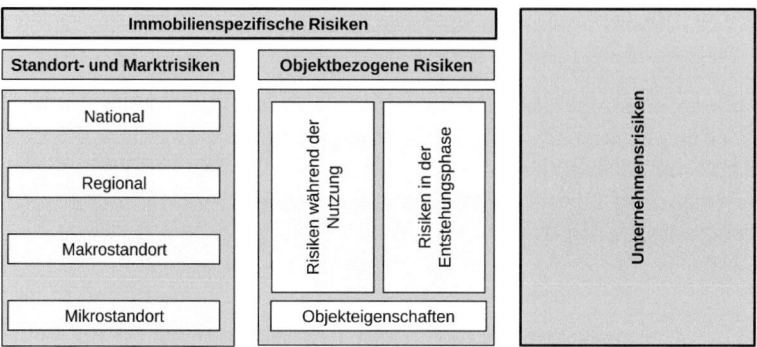

Abbildung 6: Gliederung in Risikokategorien
Quelle: Vgl. Urschel 2010, S. 104

Eine weitere sinnvolle Möglichkeit der Gliederung findet sich bei Wellner. Sie unterteilt in Umweltrisiken, volkswirtschaftliche Risiken, branchenspezifische Risiken, Objektrisiken und standortspezifische Risiken.[108]

Die möglichen Risiken des einzelnen Immobilienunternehmens hängen im Wesentlichen von den Leistungsbereichen, den Produkten, d. h. den Gebäuden sowie dem relevanten Markt ab.[109] Um die Vielzahl an Risiken darstellbar zu machen, ist es notwendig, auf Basis einer systematischen Beschreibung und Klassifizierung der erkannten Risiken eine Zuordnung zu definierten Risikokategorien durchzuführen.[110] In der immobilienwirtschaftlichen Literatur sind vor allem folgende Klassifizierungen zu finden:[111]

---

[108]Vgl. Wellner 2003, S. 22.
[109]Vgl. Lutz/Klaproth 2004, S. 19.
[110]Vgl. Maier/Graf 2007, S. 16.
[111]Vgl. u.a. Maier/Graf 2004, S. 10, Lutz/Klaproth 2004, S. 19, Lange 2005, S. 257.

2.1.1 Eindimensionale und zweidimensionale Risiken

Bei eindimensionalen Risiken dominiert der Aspekt des Risikos, ein Beispiel hierfür ist eine Naturkatastrophe. Der Faktor Chance ist vernachlässigbar. Bei zweidimensionalen Risiken stehen sich Chance und Risiko gegenüber. Zweidimensionale Risiken sind beispielsweise alle Arten von Marktrisiken.

2.1.2 Quantifizierbare und nicht quantifizierbare Risiken

Ein Risiko ist quantifizierbar, wenn aufgrund einer hinreichend großen Anzahl von Beobachtungs- oder Erfahrungswerten den Entscheidungsprozessen messbare oder zumindest subjektiv abschätzbare Wahrscheinlichkeiten zugeordnet werden können. Gegenstand der Betrachtung können Kriterien unterschiedlicher Risikokategorien sein. Systematische und unsystematische Risiken.

2.1.3 Systematische und unsystematische Risiken

Die systematische Komponente des Gesamtrisikos umfasst die Risiken und Chancen, die sich aufgrund der allgemeinen Marktentwicklungen ergeben, d. h. das systematische Risiko bildet makroökonomische Entwicklungen ab. Unsystematische Risiken hingegen sind von mikroökonomischen und objektspezifischen Determinanten abhängig und deshalb von den handelnden Akteuren bis zu einem gewissen Grad beeinflussbar.

2.1.4 Existenzielle und finanzielle Risiken

Existenzielle Risiken oder auch Geschäftsrisiken bezeichnen die nicht dem finanziellen Bereich zuordenbaren Risiken. Im Bereich der Immobilienwirtschaft ist beispielsweise das Großschadensrisiko zu nennen. Finanzielle Risiken sind meist unabhängig vom Immobilienobjekt und entstehen in Zusammenhang mit Finanzmarktrahmenbedingungen wie z. B. das Finanzmarkt- und Währungsrisiko. Diese Kategorisierung ist, obwohl in der immobilienwirtschaftlichen Literatur gebräuchlich, kritisch zu hinterfragen. Prinzipiell ist diese Unterteilung nur auf die Entstehung von Risiken zu beziehen. Die Auswirkungen, d. h. die Schaden die Risiken verursachen, sind immer auch monetär messbar. Tabelle 2 zeigt die identifizierten Risiken und systematisiert diese. Eine weitere Möglichkeit zur Systematisierung von Risiken besteht in der Einteilung nach möglichen Auswirkungen des Eintretens von Risiken. Neben monetären Folgen (Kosten) kann das Eintreten eines Risikos Auswirkungen auf Qualität, Zeit und Marktfähigkeit haben.[112]

In der Literatur wird das Systematisieren von Risiken oft als Teil des sogenannten Filterungsprozesses von Risiken betrachtet.[113] Dieser Prozess sieht vor, erstens Risiken zu systematisieren, zweitens relevante Risiken zu bestimmen und drittens Schlüsselrisiken, d. h. Risiken mit besonders großer Relevanz bzw. hohem wahrscheinlichem Schadensausmaß zu bestimmen. Die bisher eingeführte Liste mit Risiken wird in Tabelle 2 um das Betriebsrisiko ergänzt. Das Betriebsrisko umfasst alle Risiken, die in Zusammenhang mit der Instandhaltung und dem Betrieb eines Gebäudes entstehen können.

---

[112]Vgl. Wiedenmann 2005, S. 23.
[113]Vgl. Lutz/Klaproth 2004, S. 20.

Immobilienspezifische Risikokategorien	Chance und Risikorelation		Messbarkeit und Erfassbarkeit		Beinflussbarkeit und Einflussnahme auf das Objekt		existenzielles/ finanzielles Risiko	
	Eindimensionale Risiken	Zweidimensionale Risiken	Quantitative Risiken	Qualitative Risiken	Systematisch	Unsystematisch	existenziell	finanziell
Standort und Marktrisiken								
National								
Soziodemographisches Risiko	•	•		•	•		•	
Politisches und rechtliches Risiko	•			•	•		•	
Finanzmarkt- und Währungsrisiko	•			•	•			•
Konjunkturrisiko	•			•	•			•
Kapitalentwertungsrisiko	•			•	•			•
Regional								
Soziodemographisches Risiko	•	•		•	•		•	
Politisches und rechtliches Risiko	•			•	•		•	
Großschadensrisiko Naturgefahren (Man-made-Großschadensrisiko)	•			•	•		•	
Immobilienmarktrisiko (Marktänderungsrisiko)	•			•	•			•
Makrostandort								
Soziodemographisches Risiko	•	•		•	•		•	
Immobilienmarktrisiko (Marktänderungsrisiko)	•			•	•			•
Großschadensrisiko Naturgefahren (Man-made-Großschadensrisiko)	•			•	•		•	
Mikrostandort								
Anbindungs- und Versorgungsrisiko	•	•				•	•	
Soziodemographisches Risiko	•	•		•	•		•	
Imagerisiko	•			•	•	•		
Objektbezogene Risiken								
Risiken in den Entstehungsphasen								
Abnahmerisiko	•			•		•		•
Fertigstellungsrisiko		•		•		•		•
Planungsrisiko		•		•	•			•
Risiken für die lokale Umwelt	•			•		•	•	
Risiken in der Nutzungsphase								
Substanzrisiko	•			•		•	•	
Betriebsrisiko*		•		•		•	•	
Vermietungs- und Finanzrisiken								
Wertänderungsrisiko		•		•		•		•
Bonitätsrisiko (Mieter)	•			•		•		•
Finanzierungsrisiko	•		•			•		•
Mietausfallrisiko	•			•		•		•
Leerstandsrisiko	•			•		•		•

Tabelle 2: Systematisierung von Risiken
Quelle: Eigene Darstellung

2.2 Risikorelevante Immobilieninformationen

Die Dokumentation wesentlicher Merkmale und Eigenschaften von Gebäuden, die die Grundlagen für die Beurteilung des objektspezifischen Risikoprofils liefern, ist bisher vor allem im Bereich konkreter Objektmerkmale nicht ausreichend. Der Bedarf an die systematische Beschreibung und Dokumentation nimmt jedoch stetig zu. Gründe hierfür sind u. a. die sich stärker ausdifferenzierende Wohnungsnachfrage[114] oder die gesetzlichen Anforderungen hinsichtlich Energieeinsparung.[115] Bestrebungen der Bundesregierung, diesem Umstand mit einer Hilfestellung zur Dokumentation entgegenzuwirken, konnten sich bisher nicht durchsetzen.[116]

Die Notwendigkeit einer umfassenden Gebäudebeschreibung und Gebäudedokumentation als Grundlage für einen praxisorientierten Umgang mit Risiken soll an folgendem Beispiel erläutert werden.

Abbildung 7 zeigt am Beispiel des Immobilienmarktrisikos (Marktänderungsrisikos) den Zusammenhang zwischen den risikobeeinflussenden Gebäudemerkmalen und dem Risiko. Das Immobilienmarktrisiko ist u. a. gekennzeichnet durch die Elastizität des Flächenangebotes und den Grad der Marktanpassung der Flächen.[117] Bewertet oder analysiert werden kann dieses Risiko durch den Grad der Drittverwertbarkeit bzw. durch den Grad der Anpassbarkeit an den jeweiligen Nutzerbedarf. Die Drittverwertbarkeit eines Gebäudes ist bestimmt durch konstruktive und gestalterische Gebäudeeigenschaften und -merkmale, die eine Anpassung an sich verändernde Nutzeranforderungen ermöglichen.

---

[114]Vgl. GdW 2008, S. 8 ff.
[115]Vgl. Bundesministerium für Verkehr, Bau und Stadtentwicklung, S. 73.
[116]Vgl. BMVBS Januar 2004.
[117]Vgl. Trotz/Bärwald 2004, S. 62.

Eine weitere Herausforderung neben dem Bedarf an Hilfsmit-

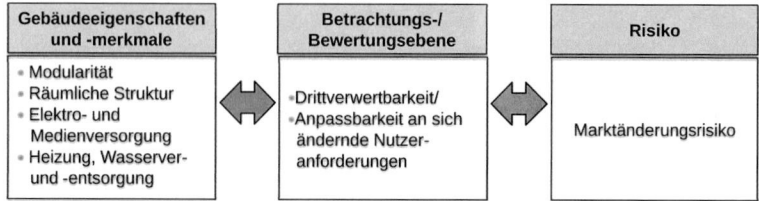

Abbildung 7: Zusammenhang zwischen den risikobeeinflussenden Gebäudemerkmalen und dem Risiko
Quelle: Eigene Darstellung

teln zur systematischen Aufbereitung von Informationen ist die
Art der Beschreibung von Informationen. Prinzipiell gibt es unterschiedliche Herangehensweisen an die Beschreibung von Objekten. Nachfolgende Tabelle 3 gibt einen Überblick zu bestehenden Gebäudebeschreibungstypologien. Bei in Deutschland übli-

Typ	Erläuterung	Beispiele
Merkmals- basierte Beschreibung	Aussage über Vorhandensein, Anzahl, Alter oder Größe bestimmter Gebäude- und Ausstattungsmerkmale	Anzahl der Räume, Nutzfläche, Zentralheizung, flexible Zwischenwände, abgehängte Decken etc.
Erfahrungs- basierte Beschreibung	Subjektive und meist qualitative Einschätzung der Gebäudequalität	Gute Gebäudequalität aufgrund solider Bausubstanz, nicht vorhandenem Instandhaltungsstau, vorteilhafte Raumaufteilung etc.
Eigenschafts- basierte Beschreibung	Einschätzung bzw. Einteilung basierend auf quantifizierbaren technischen und/oder physischen Gebäudeeigenschaften	Wärme- und Schallschutz, Energieeffizienz, Anteil erneuerbarer Baustoffe etc.
Performance- basierte Beschreibung	Messung direkter Einflüsse und Wirkungen, die sich aus den technischen und physischen Gebäudeeigenschaften ergeben	Umweltqualität (Ressourceninanspruchnahme und Wirkungen auf die Umwelt), Lebenszykluskosten, Nutzerzufriedenheit etc.

Tabelle 3: Gebäudebeschreibungstypologien
Quelle: Vgl. Lützkendorf/Lorenz Oktober 2005, S. 64

cherweise angewendeten Verfahren zur Risiko- und Immobilienanalyse werden als Informationsgrundlage in der Regel merkmalsbasierte Beschreibungen verwendet. Erfahrungs- und eigenschaftsbasierte Beschreibungen ergänzen diese. Systeme wie beispielsweise die VÖB – Immobilienanalyse[118] verwenden zur Bewertung von Gebäuden teilweise eine Mischform aus erfahrungs- und eigenschaftsbasierten Beschreibungen, d. h. es werden Einteilungen basierend auf technischen und/oder physischen Gebäudeeigenschaften vorgenommen, die subjektiv und meist qualitativ beurteilt werden. In Tabelle 4 ist ein Auszug aus der Bewertungsskala der architektonischen Gestaltung im Wohnungsbau der VÖB-Immobilienanalyse dargestellt. Deutlich zu erkennen ist, dass die Ausprägungen einzelner Qualitätsstufen zwar klar definiert sind, aber die Bewertung auf Basis einer Zuordnung zu den Qualitätsstufen (hier Ausprägungen) einer subjektiven Beurteilung unterworfen ist. Performancebasierte Beschreibungen fin-

Ausprägung	Objektart Wohnungsbau
1	international bekanntes Unikat von anerkanntem Architekturbüro entworfen, preisgekröntes Objekt
2	national bekanntes Unikat von anerkanntem Architekturbüro entworfen, preisgekröntes Objekt
3	Unikat mit hohem Identifikations- und Wiedererkennungswert
4	individuelle gestalterische Note des Objektes erkennbar, überregionaler Identifikationswert vorhanden
5	...
...	...

Tabelle 4: Beispiel VÖB-Immobilienanalyse – Bewertungsskala „Qualität der architektonischen Gestaltung"
Quelle: VÖB September 2006, S. 52

den in Deutschland u. a. Anwendung im Bereich der Gebäudezertifizierung. Bei Instrumenten zur Risiko- und Immobilienanalyse findet diese Art der Beschreibung bisher kaum Anwendung. „Unter Performance wird in Bezug auf Gebäude heute in der Re-

---

[118]Vgl. Abschnitt 3.1 VÖB-Immobilienanalyse.

gel das Verhältnis zwischen den Anforderungen und Bedürfnissen der Nutzer einerseits und dem Funktionsverhalten bzw. der Funktionserfüllung des Objektes andererseits verstanden. Gemessen wird der Grad der Übereinstimmung zwischen Anforderungen und den vorhandenen Merkmalen und Eigenschaften."[119] Die Vorteile einer performancebasierten Beschreibung liegen im Bereich der Förderung von Innovationen, des Wettbewerbes und der Ausschöpfung von Einsparpotenzialen.[120] Des Weiteren kann der Performance-Ansatz zur Deregulierung beitragen und die Eigenverantwortung der handelnden Akteure stärken.[121]

Auf den Bereich der Risikoanalyse- und Risikobewertungsinstrumente übertragen, könnte nach Meinung des Autors eine performancebasierte Beschreibung der Gebäude einen wichtigen Beitrag leisten, risikobeeinflussende Gebäudeinformationen komprimierter darzustellen. Viele bei der merkmals-, erfahrungs- und eigenschaftsbasierten Beschreibung erhobenen Daten könnten in eine performanceorientierte Aussage überführt und ggf. in dem Erfüllungsgrad einer Anforderung zusammengefasst werden.

2.3 Informationsquellen der Risikoidentifikation

Besonders im Bereich der Objektinformationen ist eine umfassende Dokumentation von Merkmalen und Eigenschaften der Gebäude notwendig. Die Informationsquellen im Bereich Objekt sind überwiegend intern. Der Vorteil von internen Informationsquellen besteht in der Beeinflussbarkeit der Qualität der Informationen und in der Unabhängigkeit gegenüber Dritten. Als extern können alle Informationsquellen bezeichnet werden, die nicht im unmit-

---

[119]Vgl. Lützkendorf/Lorenz Oktober 2005, S. 3.
[120]Vgl. Prior/Szigetti/Oostinga 2004, S. 3.
[121]Vgl. Lützkendorf/Lorenz Oktober 2005, S. 3.

telbaren Verfahrensbereich des handelnden Akteurs liegen. Als interne Informationsquellen können diejenigen bezeichnet werden, die dem Akteur entweder direkt zur Verfügung stehen oder ohne die Mithilfe eines anderen Akteures ermittelt werden können. (vgl. Abbildung 8) Neben der Unterteilung in externe und inter-

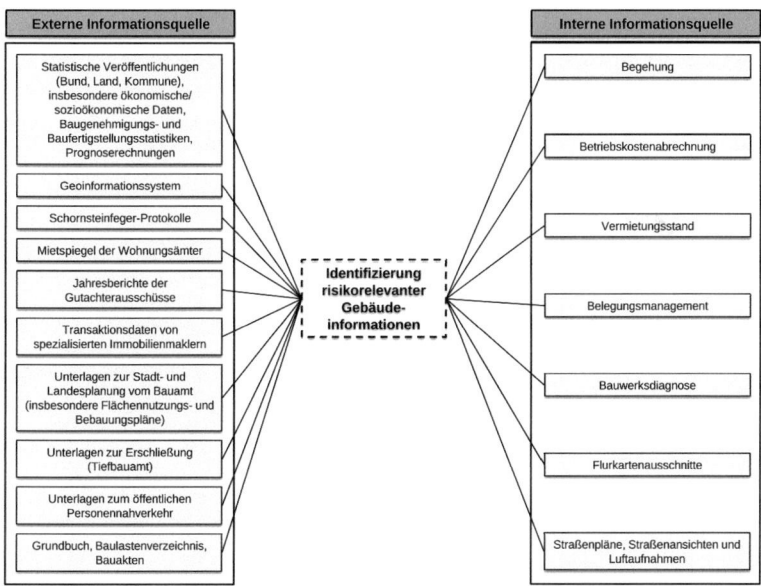

Abbildung 8: Identifizierung risikorelevanter Gebäudeinformationen
Quelle: Eigene Darstellung

ne Informationsquellen existieren weitere Ansätze, die Datenerhebung und -aufbereitung zu systematisieren. Zu nennen wäre beispielsweise die Trennung in eine sog. Field Research und eine Desk Research. Die Field Research bezeichnet hierbei die Begehung des Objektes und des unmittelbaren Umfeldes. Die Desk Research meint alle Erhebungen, die vom Schreibtisch aus getätigt werden können, und gliedert sich in öffentliche Quellen, Quellen der Marktteilnehmer, öffentliche Planungsunterlagen und objektspezifische Quellen.[122]

Eine weitere, zunehmend an Bedeutung gewinnende Informationsquelle kann ein **Gebäudezertifikat** wie beispielsweise das Deutsche Gütesiegel Nachhaltiges Bauen sein. Dabei ist weniger das Zertifizierungsergebnis an sich für eine Beurteilung heranzuziehen. Vielmehr können die in der Dokumentation zum Zertifizierungsergebnis enthaltenen Informationen ausgewertet werden.

2.4 Zusammenfassung

Den Ausgangspunkt der Risikoidentifikation bildet die Festlegung anerkannter Begrifflichkeiten in Zusammenhang mit den relevanten Einzelrisiken. Darauf aufbauend können Systematisierungsansätze angewandt werden, die die jeweiligen Einzelrisiken hinsichtlich ihrer Auswirkungen und Berechenbarkeit gliedern. Die Vorgehensweise zur Identifizierung risikorelevanter Immobilieninformationen ist im Kontext dieser Arbeit zentraler Bestandteil der Identifizierung von Gefahrenquellen und Störpotenziale. Eine umfassende Gebäudedokumentation bildet hierfür die Grundlage. Neben der Gebäudedokumentation spielen auch andere externe wie interne Informationsquellen eine wichtige Rolle bei der Identifizierung von Risiken.

---

[122]Vgl. Schulte et al. 2005, S. 388.

3 Risikoanalyse

Die Risikoanalyse dient der Bestimmung der Ursachen hinsichtlich der identifizierten Risiken.[123] Es sollen die identifizierten Risikobereiche und Einflussfaktoren mit ihren wechselseitigen Abhängigkeiten operationalisiert werden, d. h. es können z. B. funktionale Zusammenhänge zwischen Einflussfaktor und Risikobereich angegeben werden.[124] Risiken haben in der Regel mehr als eine Ursache, sodass eine zum Teil sehr komplexe Struktur von einzelnen Einflussfaktoren und deren eventuell vorhandenen Interdependenzen operationalisiert werden muss.[125]

3.1 Wirkungszusammenhänge von Risiken

In der Literatur zum Risikomanagement ist unbestritten, dass sich verschiedene Risiken gegenseitig beeinflussen, sodass ein Risiko zur Verstärkung oder Abmilderung eines anderen Risikos beitragen kann, was erhebliche Konsequenzen für das Risikomanagement hat. So können sich zunächst kleine Risiken so weit verstärken, dass das Gesamtrisiko bedrohlich ansteigt.[126] Des Weiteren ergeben sich durch die Kenntnis der Wirkungszusammenhänge ggf. neue Möglichkeiten zur Risikosteuerung, indem Risiken bereits frühzeitig erkannt und gesteuert werden können und außer-

---

[123]Vgl. Schmitz/Wehrheim 2006, S. 80.
[124]Vgl. Lutz/Klaproth 2004, S. 23.
[125]Vgl. Lechelt 2001, S. 35.
[126]Vgl. u.a. Gleißner/Romeike 2005, S. 31, Schröder 2005, S. 29-30, Huther 2003, S. 19, Peiß 1999.

dem auch die Ursachen von Risiken eindeutig identifiziert werden, anstatt nur deren Symptome zu managen.

Um das Gesamtrisiko einer Immobilie bewerten zu können, ist zum einen die Kenntnis und Bewertung der bestimmenden Einzelrisiken erforderlich und zum anderen die Erkennung und Beurteilung der Wirkungszusammenhänge zwischen diesen Einzelrisiken. In Tabelle 5 wurde versucht, die Zusammenhänge zwischen den einzelnen Risiken zusammenfassend darzustellen. Hierbei wurde in „keinen Einfluss", „schwachen Einfluss" und „starker/direkter Einfluss" unterschieden. Die Darstellung der Risikozusammenhänge wurde auf Basis von Erfahrungswerten des Autors ausgefüllt.

Um die Vorgehensweise zur Darstellung der Risikozusammenhänge genauer zu beschreiben soll am Beispiel des Großschadensrisikos eine Zeile der Tabelle herausgelöst betrachtet werden:

Das Großschadensrisiko am Makrostandort wirkt sich im Bereich anderer Standort- und Marktrisiken schwach auf das Immobilienmarktrisiko am Makrostandort und das Imagerisiko am Mikrostandort aus. Im Bereich der objektbezogenen Risiken werden das Fertigstellungsrisiko und das Substanzrisiko stark und das Betriebsrisiko schwach beeinflusst. Finanzrisiken die in Zusammenhang mit dem Großschadensrisiko stehen sind das Wertänderungsrisiko, das Mietausfallrisiko und das Leerstandsrisiko. Diese drei Finanzrisiken werden schwach beeinflusst.

Gemäß der Darstellung in der Tabelle sind das Leerstandsrisiko, das Mietausfallrisiko und das Immobilienmarktrisiko diejenigen Risiken, die am vielfältigsten durch andere Risiken beeinflusst werden. Die Risiken, die sich am vielfältigsten auf andere Risiken auswirken, sind das Konjunkturrisiko, das politische und das rechtliche Risiko, das soziodemographische Risiko und das Planungsrisiko.

Einfluss von Zeile auf Spalte
0 = kein Einfluss
1 = schwacher Einfluss
2 = starker/direkter Einfluss

Spaltengruppen: **Standort und Marktrisiken** (National, Regional, Makrostandort, Mikrostandort) — **Objektbezogene Risiken** (Risiken in den Entstehungsphasen, Risiken in der Nutzungspahase) — **Finanzrisiken**

Einfluss von Zeile auf Spalte	Soziodemographisches Risiko	Politisches und rechtliches Risiko	Finanzmarkt-/Währungsrisiko	Konjunkturrisiko	Soziodemographisches Risiko	Politisches und rechtliches Risiko	Großschadensrisiko	Immobilienmarktrisiko	Soziodemographisches Risiko	Immobilienmarktrisiko	Großschadensrisiko	Anbindungs-/Versorgungsrisiko	Soziodemographisches Risiko	Imagerisiko	Abnahmerisiko	Fertigstellungsrisiko	Planungsrisiko	Risiken für die lokale Umwelt	Substanzrisiko	Betriebsrisiko	Wertänderungsrisiko	Bonitätsrisiko (Mieter)	Finanzierungsrisiko	Mietausfallrisiko	Leerstandsrisiko
National																									
Soziodemographisches Risiko	■	0	0	0	2	0	0	2	2	2	0	0	2	0	0	0	0	0	0	0	1	0	0	1	1
Politisches und rechtliches Risiko	2	■	1	0	2	2	0	2	1	1	0	0	2	0	0	2	2	0	0	0	0	0	1	0	0
Finanzmarkt-/Währungsrisiko	0	0	■	0	0	0	0	1	0	1	0	0	0	0	0	0	0	0	0	0	1	2	2	1	1
Konjunkturrisiko	1	0	2	■	2	1	0	2	1	2	0	0	2	0	0	0	0	0	0	0	2	2	1	2	2
Regional																									
Soziodemographisches Risiko	0	0	0	0	■	0	0	2	2	2	0	0	2	0	0	0	0	0	0	0	2	0	0	2	2
Politisches und rechtliches Risiko	0	0	0	0	2	■	0	2	1	1	0	2	2	0	0	2	0	0	0	0	0	0	1	0	0
Großschadensrisiko Naturgefahren	0	0	0	0	0	0	■	1	0	1	2	0	0	1	0	2	0	0	2	1	1	0	0	1	1
Immobilienmarktrisiko	0	0	0	0	0	0	0	■	0	2	0	0	0	0	2	0	0	0	0	0	2	0	1	1	2
Makrostandort																									
Soziodemographisches Risiko	0	0	0	0	0	0	0	0	■	2	0	0	2	1	0	0	0	0	0	0	1	0	0	2	2
Immobilienmarktrisiko	0	0	0	0	0	0	0	0	0	■	0	0	0	0	2	0	0	0	0	0	2	0	0	1	2
Großschadensrisiko Naturgefahren	0	0	0	0	0	0	0	0	0	0	■	0	0	1	0	2	0	0	2	1	1	0	0	1	1
Mikrostandort																									
Anbindungs-/Versorgungsrisiko	0	0	0	0	0	0	0	0	0	0	0	■	0	1	0	0	0	1	0	0	0	1	1	0	1
Soziodemographisches Risiko	0	0	0	0	0	0	0	0	0	0	0	0	■	2	0	0	0	0	0	0	1	1	1	0	1
Imagerisiko	0	0	0	0	0	0	0	0	0	0	0	0	0	■	1	0	0	0	0	0	2	0	0	0	1
Risiken in den Entstehungsphasen																									
Abnahmerisiko	0	0	0	0	0	0	0	0	0	0	0	0	0	0	■	0	0	0	0	0	0	0	0	0	2
Fertigstellungsrisiko	0	0	0	0	0	0	0	0	0	0	0	0	0	0	2	■	0	2	0	0	0	0	0	0	2
Planungsrisiko	0	0	0	0	0	0	0	0	0	0	0	0	0	0	2	2	■	1	2	2	2	0	0	1	1
Risiken für die lokale Umwelt	0	0	0	0	0	0	0	0	0	0	0	0	0	1	2	2	1	■	2	0	0	2	0	0	0
Risiken in der Nutzungspahase																									
Substanzrisiko	0	0	0	0	0	0	0	0	0	0	0	0	0	0	0	0	0	0	■	0	1	2	0	2	2
Betriebsrisiko	0	0	0	0	0	0	0	0	0	0	0	0	0	0	0	0	0	0	0	■	1	0	0	1	1
Wertänderungsrisiko	0	0	0	0	0	0	0	0	0	0	0	0	0	0	0	0	0	0	0	0	■	0	0	2	2
Bonitätsrisiko (Mieter)	0	0	0	0	0	0	0	0	0	0	0	0	0	0	0	0	0	0	0	1	0	■	0	2	2
Finanzierungsrisiko	0	0	0	0	0	0	0	0	0	0	0	0	0	0	0	2	0	0	0	0	0	0	■	0	0
Mietausfallrisiko	0	0	0	0	0	0	0	0	0	0	0	0	0	0	0	0	0	0	0	0	0	0	0	■	0
Leerstandsrisiko	0	0	0	0	0	0	0	0	0	0	0	0	0	1	0	0	0	0	0	0	0	2	0	0	■

Tabelle 5: Risikozusammenhänge
Quelle: Eigene Darstellung

71

Neben der Darstellung der Wirkungszusammenhänge sind im Kontext der Risikoanalyse in erster Linie die Einflussfaktoren der Risiken von Interesse. Dabei ist zu beachten, dass unter Zugrundelegung des systemtheoretischen Ansatzes der Betriebswirtschaftslehre festgestellt werden muss, dass ein Risiko mehr als eine Ursache hat und dass sowohl die komplexe Struktur der einzelenen Einflussfaktoren als auch deren funktionale Zusammenhänge beachtet werden müssen.[127] Bisherige Ansätze zur Darstellung von Wirkungszusammenhängen und Einflussfaktoren konzentrieren sich meist auf einen der beiden Aspekte. In nachfolgender Abbildung 9 wurde daher versucht, die Einflussfaktoren der Risiken und die Zusammenhänge in eine Abbildung zu integrieren. In der Abbildung sind die zuvor identifizierten Risiken in Kästen dargestellt. Eine Auswahl der jeweiligen Einflussfaktoren ist ebenfalls in den Kästen aufgeführt. Die Pfeile zwischen den Kästen symbolisieren die Wirkungszusammenhänge gemäß Tabelle 5. Die Darstellung vermittelt einen Eindruck über die Komplexität sowohl der Wirkungszusammenhänge untereinander als auch der relevanten Einflussfaktoren.

3.2 Risikoanalysemethoden

Bei der Risikoanalyse geht es nicht um die betragsmäßige Einschätzung der Risiken, sondern um das mögliche Vorhandensein relevanter Risiken. Das Ausmaß der relevanten Risiken wird im nächsten Schritt der Risikobewertung bestimmt.[128] Die folgenden Zusammenfassungen einiger relevanter Risikoanalysemethoden sollen einen kurzen Überblick geben. Ein Schwerpunkt der Betrachtung liegt auf dem Due Diligence Verfahren. Aufgrund der spezifischen Eigenschaften von Immobilien, insbesondere ihrer

---

[127]Vgl. Lutz/Klaproth 2004, S. 23.
[128]Vgl. Wellner 2003, S. 22.

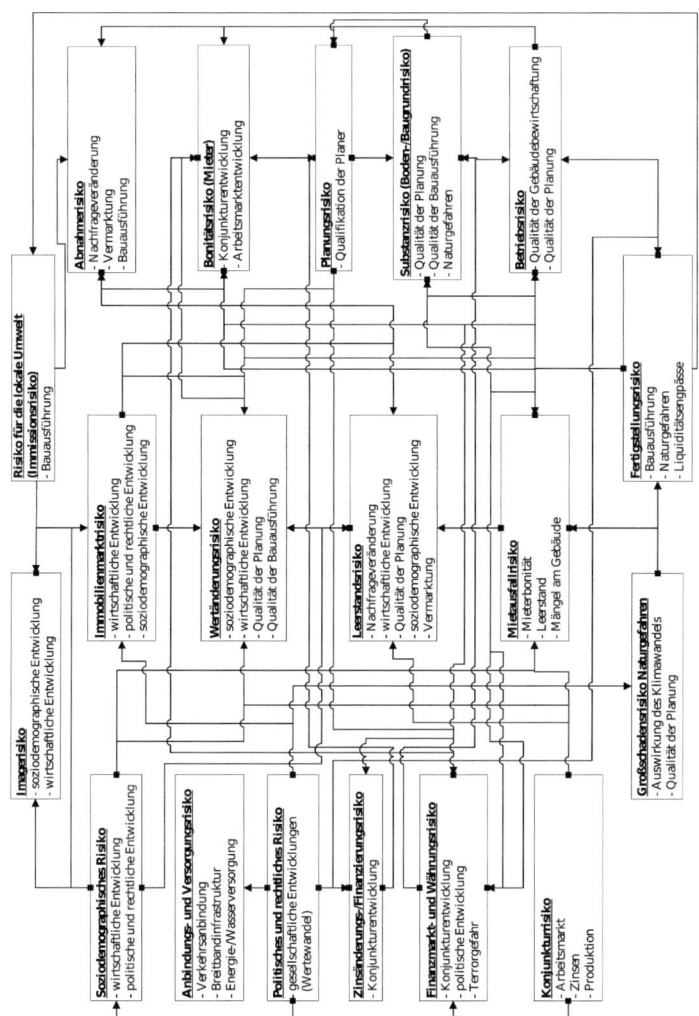

Abbildung 9: Einflussgrößen und Zusammenhänge von Risiken
Quelle: Eigene Darstellung

Heterogenität, eignet sich dieses Verfahren besonders, um risikorelevante Eigenschaften und Merkmale von Gebäuden zu betrachten.[129]

3.2.1 Stärken-/Schwächenanalyse

Die Stärken-/Schwächenanalyse hat ihren Ursprung im strategischen Management, wo sie als so genannte SWOT-Analyse (Strength, Weaknesses, Opportunities, Threats) als eine Kombination von Stärken-/Schwächen- und Chancen-/Risikenanalysen durchgeführt wird.[130] Sie ermöglicht einen kompakten Überblick über die zentralen Stärken und Schwächen sowie potenziellen Chancen und Risiken der eigenen Immobilieninvestition und erleichtert somit auch die Vergleichbarkeit mit Alternativobjekten.[131]

3.2.2 Sensitivitätsanalysen

Die Sensitivitätsanalyse ist ein Szenarioverfahren zur Veranschaulichung des Einflusses sich verändernder Inputvariablen, d. h. mittels einer Sensitivitätsanalyse soll die Frage beantwortet werden, wie sich definierte Erfolgsmaße bei der Veränderung bestimmter Faktoren verändern.[132] Die Variation der Faktoren erfolgt auf der Ceteris-Paribus-Annahme, was soviel bedeutet wie: unter sonst gleichen Bedingungen. Diese wissenschaftliche Formulierung beschreibt den Vorgang, dass unter sonst gleichen Bedingungen ein oder mehre Faktoren variiert werden, um so deren Auswirkungen

---

[129] Vgl. Wetzel/Pelzl 2010, S. 240.
[130] Vgl. Schulte et al. 2005, S. 367.
[131] Vgl. Gondring 2007, S. 140.
[132] Vgl. Belarbi 2007, S. 50, Hellerforth 2008, S. 33.

besser abzusehen. Die Sensitivitätsanalyse kommt speziell dann zum Einsatz, wenn mehrere Faktoren zusammentreffen, deren mögliche Änderung und die daraus resultierende Abweichung des Ergebnisses ermittelt werden soll. Es wird somit versucht, mögliche Entwicklungen vorauszusehen, um das Risiko einer zu treffenden Entscheidung zu reduzieren.[133]

3.2.3 Szenarioanalyse

Die Szenarioanalyse ist ein Planungsinstrument, mit deren Hilfe zukünftige Entwicklungen oder Rahmenbedingungen von Unternehmen systematisch, umfassend und antizipativ aufgezeigt werden können. Ein Szenario erlaubt die Beschreibung zukünftiger Ereignisse, wobei mögliche Entwicklungen wichtiger Einflussgrößen bzw. Umweltcharakteristika sowie ihre Wechselwirkungen und (Un-) Verträglichkeiten berücksichtigt werden sollen.[134] Eine komplexer werdende Umwelt mit in immer kürzer werdenden Zeitabschnitten eintretenden Veränderungen bei wichtigen Einflussgrößen bzw. Umweltcharakterisitka (z. B. bei gesellschaftlichen, politischen, rechtlichen, wirtschaftlichen Rahmenbedingungen) erfordert Hilfsmittel, mit deren Unterstützung die handelnden Akteure in die Lage versetzt werden, verschiedene Szenarien über einen definierten Zeithorizont zu kalkulieren. Als Szenario wird die Zusammenfassung aller verfügbaren Informationen bzgl. einer zukünftigen Entwicklung für einen Prognosegegenstand bezeichnet. Grundsätzlich können drei Szenarien unterschieden werden:[135]

- Best case (die vorteilhafteste Entwicklung wird abgebildet)

---

[133]Vgl. Gondring 2007, S. 87.
[134]Vgl. Missler-Behr 1993, S. 15.
[135]Vgl. Schmitz/Wehrheim 2006, S. 74.

- Trendszenario (die wahrscheinlichste Entwicklung wird abgebildet)

- Worst case (die unvorteilhafteste Entwicklung wird abgebildet)

Im Ergebnis liefert die Szenarioanalyse eine Bandbreite, innerhalb derer sich prognostizierbar die Vorteilhaftigkeit unter den getroffenen Annahmen bewegt.[136]

3.2.4 Due Diligence

Um das Risiko einer Immobilieninvestition klein zu halten, müssen alle Rahmenbedingungen analysiert und bewertet werden. Im angelsächsischen Sprachraum erfolgt dies über eine Due Diligence.[137] Eine Due Diligence beinhaltet die sorgfältige Prüfung und Analyse sämtlicher Objekteigenschaften und des Standortes mit dem Ziel, die tatsächliche Beschaffenheit der Immobilie herauszuarbeiten und dadurch Chancen und Risiken erkennbar zu machen.[138] Die technische sowie die Umwelt Due Diligence eignen sich zur Reduzierung von Informationsdefiziten bei Immobilienrisiken eines Investitions- oder Bestandsobjektes.[139]

Die Teilbereiche der Due Diligence lassen sich aufgliedern in:

- Wirtschaftliche Due Diligence[140]

---

[136]Vgl. Viering/Kochendörfer/Liebchen 2007, S. 27.
[137]Vgl. Dietrich 2005, S. 219.
[138]Vgl. Raum 2002, S. 134.
[139]Vgl. Wetzel/Pelzl 2010, S. 241.
[140]Raum 2002, S. 135, Picot/Bäzner 2008, S. 172, Gondring 2007, S. 105

- Finanzielle Due Diligence[141]

- Rechtliche Due Diligence[142]

- Technische Due Diligence[143]

- Umwelt Due Diligence[144]

- Organisatorische Due Diligence[145]

Hinsichtlich der Integration von Nachhaltigkeitsaspekten in die Risikobewertungs-Instrumente sind vor allem die Unterpunkte der **technischen Due Diligence** und der **Umwelt Due Diligence** von Interesse.

Technische Due Diligence

Die technische Due Diligence untersucht neben der Gebäudequalität auch die Qualität der Gebäudebewirtschaftung. Die Notwendigkeit dieser Maßnahmen resultiert hauptsächlich aus dem unzureichenden Standard vorhandener Gebäudedokumentationen. Änderungen und Umbauten werden selten ausreichend dokumentiert. Das diesbezüglich vorgefundene Material reicht häufig von Lichtpausen, Plänen, Skizzen bis hin zu Listen und Notizen. Diese falschen oder nicht vorhandenen Informationen führen bei Transaktionen automatisch zu erhöhten Risiken für Verkäufer und Käufer.[146] Die Bedeutung der technischen Due Diligence hängt

---

[141]Raum 2002, S. 135, Picot/Bäzner 2008, S. 172, Gondring 2007, S. 105
[142]Raum 2002, S. 135, Picot/Bäzner 2008, S. 172, Gondring 2007, S. 105
[143]Raum 2002, S. 135, Gondring 2007, S. 105
[144]Raum 2002, S. 135, Picot/Bäzner 2008, S. 172
[145]Raum 2002, S. 135, Gondring 2007, S. 105
[146]Vgl. Bröker/Vetter 2005, S. 12.

entscheidend vom Lebenszyklusstadium der jeweiligen Immobilie ab. Bei unbebauten Grundstücken, bzw. bei Abrissbauten hat die Due Diligence eine geringere Bedeutung als bei Projektentwicklungen oder bei Bestandsimmobilien.[147]

Die technische Due Diligence kann in drei Untersuchungsschritte gegliedert werden:[148]

1. Formale Untersuchung

2. Physische Untersuchung

3. Facility Management Untersuchung

Die formale Untersuchung umfasst die wesentlichen baulichen Fakten und Unterlagen zum Gebäude. Diese Unterlagen beinhalten:[149]

- Alter des Objektes

- Flächenaufstellungen

- Berechnungen zu Bruttorauminhalt

- Gebäudepläne

- Lageplan

- Katasterplan

- Fotodokumentationen des Gebäudes

---

[147]Vgl. Gondring 2007, S. 132.
[148]Vgl. Pfirsching 2007, S. 153.
[149]Vgl. Reis 2005, S. 68-69.

- Baubeschreibung

- Aufstellung der Instandhaltungskosten der letzten Jahre

- Dokumentationen der technischen Gebäudeausstattung

In einem zweiten Schritt erfolgt die **physische Untersuchung** durch eine Begehung des Objektes. Die Begehung sollte durch einen erfahrenen Fachingenieur erfolgen. Zu untersuchen ist hierbei u. a.:[150]

- Ausführung von Instandhaltungsarbeiten

- Zustand der technischen Gebäudeausrüstung

- Vorhandensein und Ausmaß von Bauschäden

- Instandhaltungs- und Sanierungsrückstau

- Einhaltung von allgemein gültigen technischen Vorschriften sowie der statischen und brandschutztechnischen Erfordernisse

Nach der formalen und der physischen Untersuchung des Gebäudes kann die Effizienz des Gebäudes zusätzlich mittels einfacher Kennzahlen betrachtet werden. Ein besonders wichtiger Indikator ist der Anteil der vermietbaren Fläche an der Gesamtfläche, die sogenannte **Flächeneffizienz**. Diese Angabe ist für den potenziellen Käufer einer Immobilie von hoher Bedeutung, da er bei einem hohen Anteil nicht vermietbarer Fläche nur einen entsprechend geringen Teil der Bewirtschaftungskosten auf die Mieter umlegen kann.[151] Ein weiterer Aspekt zur Beurteilung möglicher Risiken ei-

---

[150]Vgl. Reis 2005, S. 69-70.
[151]Vgl. Pfirsching 2007, S. 154.

nes Gebäudes ist die **Ausstattungseffizienz**,[152] d. h. der Grad der Übereinstimmung der Gebäudeausstattung mit den Bedürfnissen möglicher Nutzer.

Der dritte Schritt untersucht das **Facility Management**. Hierbei empfiehlt es sich, mit sog. Benchmarks zu arbeiten. Benchmarking übersetzt aus dem Englischen bedeutet, Ziele und Maßstäbe setzen. „Das Benchmarking ist zur Erreichung einer optimalen Leistungsqualität, einer Kostenminimierung, einer Erhöhung der Kundenzufriedenheit u. a. stets an demjenigen Unternehmen ausgerichtet, das bestimmte Problemlösungen und Verfahrensmethoden optimal beherrscht."[153]

Die Untersuchung des Facility Managements sollte folgende Punkte umfassen:[154]

- Benchmarking der Kosten der technischen Gebäudeausstattung

- Benchmarking der Kosten der Ver- und Entsorgung für

    - Strom

    - Heizung

    - Lüftung/Klimatisierung

    - Wasser

    - Gas

- Benchmarking des Energiemanagements

---

[152]Vgl. Pfirsching 2007, S. 154.
[153]Vgl. Mändle/Galonska 1997, S. 155.
[154]Vgl. Reis 2005, S. 77-78.

– Einsparmöglichkeiten

• Qualität des kaufmännischen Facility Managements

– Qualität der Erfassung von Geschäftsvorgängen

– Marktfähigkeit der Verträge

• Qualität des infrastrukturellen Facility Managements

– Flächenmanagement

– Organisation/Qualität von externen Dienstleistern

Im Zusammenhang mit der Beurteilung des Facility Managements wird von der Bewirtschaftungseffizienz gesprochen. Die Bewirtschaftungseffizienz[155] stellt den Zusammenhang zwischen Mieteinnahmen und Bewirtschaftungskosten her.

Umwelt Due Diligence

Ziel der Umwelt oder Environmental Due Diligence ist die Identifizierung und Bewertung von Umweltrisiken. Ursprünglich stark auf den Bereich Altlastenproblematik fokussiert, hat sich die Umwelt Due Diligence zu einer komplexen Analyse entwickelt, die neben einer Vielzahl umweltrelevanter Sachverhalte auch die rechtlichen Grundlagen des Umweltschutzes mit einschließt.[156] Relevante Aspekte der Umwelt Due Diligence sind u. a.:

• Dokumentation der Verwendung umwelt- und gesundheitsverträglicher Bauprodukte

---

[155] Vgl. Pfirsching 2007, S. 154.
[156] Vgl. Picot/Bäzner 2008, S. 189.

• Nachweis der Einhaltung gesetzlicher Anforderungen im Bereich Energieeffizienz, Umwelt und Gesundheitsschutz

• Energieeffizienz und Einsparmöglichkeiten für Trinkwasser

Für die Beschreibung der für die Umwelt Due Diligence relevanten Gebäudeeigenschaften und Merkmale empfiehlt es sich, entweder analog zur Untersuchung des Facility Managements mit Benchmarks zu arbeiten oder eine performanceorientierte Beschreibung vorzunehmen.

3.3 Zusammenfassung

Die Schwerpunkte der im Rahmen dieser Arbeit betrachteten Aspekte der Risikoanalyse finden sich im Bereich der Wirkungszusammenhänge und Einflussfaktoren auf Risiken und in der Betrachtung ausgewählter Risikoanalyseverfahren, insbesondere der Due Diligence. Die Betrachtung der Wirkungszusammenhänge und Einflussfaktoren hat gezeigt, dass die verschiedenen Risiken in einem sehr engen und komplexen Geflecht von Wirkungszusammenhängen stehen. Dennoch können Bereiche identifiziert werden, die sich entweder in besonderem Maße auf andere Risiken auswirken (Konjunkturrisiko) oder in besonderem Maße von anderen Risiken beeinflusst werden (Leerstandsrisiko). Die aufgezeigten Risikoanalysemethoden können prinzipiell in zwei Gruppen unterteilt werden. Zum einen Methoden die bereits eine Einteilung, Gewichtung oder Wertung vornehmen (Stärken-/Schwächenanalyse, Sensitivitätsanalyse und Szenarioanalyse) und zum anderen die Due Diligence Methode, die durch die Erfassung aller relevanten Eigenschaften und Merkmale versucht, ein genaues Bild eines Betrachtungsgegenstandes zu zeichnen.

4 Risikobewertung

Die Risikobewertung folgt im Prozess des Risikomanagements auf die Risikoanalyse. Aufgabe der Risikobewertung ist es, die identifizierten und analysierten Risiken zu quantifizieren bzw. qualitativ zu gewichten.[157] Je nach Motivation der handelnden Akteure und Phase im Lebenszyklus einer Immobilie kann die Risikobewertung unterschiedliche Zielsetzungen verfolgen.

Die Methoden und Verfahren der Risikobewertung können in die Gruppen einfache, meist qualitative Risikomaße, Risikomaße aus der Statistik, Risikomaße aus der Finanzwirtschaft und Ratingsysteme bzw. Scoring-Modelle unterteilt werden.[158] Eine einfachere Unterteilung ist die in quantitative und qualitative Bewertungsverfahren.[159] Die Vor- und Nachteile der verschiedenen Verfahren im immobilienwirtschaftlichen Kontext wurden von unterschiedlichen Autoren bereits umfassend untersucht[160] und können, wie im Folgenden dargelegt, noch einmal kurz zusammengefasst werden.

Als Schwachpunkte der quantitativen Verfahren hinsichtlich der Betrachtung von Immobilien sind u. a. folgende zu nennen. Die quantitative Risikobewertung setzt eine sehr hohe Datenverfügbarkeit voraus, die bei Immobilien in der Regel nicht gegeben

---

[157]Vgl. Lechelt 2001, S. 63.

[158]Vgl. Urschel 2010, S. 244.

[159]Vgl. u.a. Wellner 2003, S. 24, Lange 2005, S. 29, Wolke 2009, S. 11, Schmitz/Wehrheim 2006, S. 83.

[160]Vgl. u.a. Stock 2009, S. 195 ff, Urschel 2010, S. 273/274, Wellner 2003, S. 19 ff.

ist.[161] Ein weiterer Nachteil ist die Vergangenheitsorientierung, die aus der Verwendung historischer Daten wie beispielsweise Jahresabschlüssen resultiert.[162] Das grundlegende Problem quantitativer Methoden ist allerdings, dass im Rahmen des Risikomanagements viele Sachverhallte und Zusammenhänge abgebildet werden müssen, die nicht in mathematisch exakten Modellen darstellbar sind.[163] Beispielsweise können risikorelevante Gebäudemerkmale und -eigenschaften nicht unmittelbar quantitativ erfasst werden.[164] Klassischerweise eignen sich quantitative Methoden, um Finanz-, Vermögens-, Liquiditäts- und Ertragsaspekte von Unternehmen abzubilden.[165] Die qualitative Risikobewertung verfolgt als Grundlage der Risikosteuerung und damit des Portfoliomanagements vor allem den Zweck, die Signifikanz der bei der Risikoidentifizierung erkannten Risiken in Bezug auf die in der Risikostrategie definierten Kriterien zu bewerten und eine Gesamt-Risikoposition zu ermitteln.[166]

Aufgrund der aufgezeigten Merkmale, insbesondere der spezifischen Besonderheiten des Wirtschaftsgutes Immobilie im Allgemeinen und von Wohnimmobilien im Besonderen,[167] wird im Kontext dieser Arbeit ein qualitativer Ansatz zur Risikobewertung von Immobilien favorisiert.

---

[161] Vgl. Wellner 2003, S. 26.

[162] Vgl. Lange 2005, S. 143.

[163] Vgl. Romeike/Hager 2009, S. 98.

[164] Vgl. Stock 2009, S. 116, Vgl. Achleitner 2004, S. 248

[165] Vgl. Lange 2005, S. 165.

[166] Vgl. Urschel 2010, S. 275.

[167] Als spezifische Besonderheiten von (Wohn)Immobilien gelten u.a.: Dauerhaftigkeit, Lange Produktionsdauer, Standortgebundenheit, Unteilbarkeit des Konsums, Heterogenität, Veränderlichkeit der Nutzungsleistungen, Höhe des Investitionsvolumens, Höhe der Transaktionskosten. (Vgl. u.a. Brauer 2006, S. 15 f, Kühne-Büning 2005, S. 7 f, Mehlis 2005, S. 11 f, Allendorf/Schulte 2008, S. 16 f, Pfnür 2002, S. 13 f) vgl. außerdem Kapitel B 2 Die Besonderheiten des Wirtschaftsgutes Immobilie und des Immobilienmarktes.

Die Anforderungen an eine Methode zur Riskobewertung von (Wohn-) Immobilien lassen sich folgendermaßen zusammenfassen:[168]

- Die Methodik der Risikobewertung muss alle, insbesondere auch geringfügige Veränderungen der risikobestimmenden Rahmenbedingungen abbilden können. Hierzu ist es notwendig, dass eine vorausschauende, zukunftsgewandte Untersuchungsperspektive auf Basis von Prognosedaten verwendet wird, alle Risiken möglichst genau abgebildet werden und Datenänderungen sich im Ergebniswert unmittelbar widerspiegeln.

- Die eingesetzten Methoden und Verfahren müssen Abhängigkeiten zwischen verschiedenen Rahmenbedingungen erfassen und abbilden können.

- Die Methodik der Risikomessung sollte die Möglichkeit bieten, eine Quantifizierung einzelner Risiken durchzuführen.

- Zur richtigen Interpretation des Ergebniswertes muss die Methodik der Risikomessung nachvollziehbar und überschaubar sein. Es ist durch eine möglichst geringe Komplexität der Methodik zu verhindern, dass die Ergebnisse auf einen numerischen Wert reduziert werden, der nicht oder nur sehr schwer in den Gesamtzusammenhang der Risikofrühwarnung gestellt werden kann.

---

[168]Vgl. Stock 2009, S. 113, Deutscher Bundestag, S. 280.

4.1 Qualitative Verfahren zur Risikobewertung

Das Ziel der qualitativen Risikobewertung ist die Einordnung der Risiken in eine ordinale Rangfolge. Verfahren, die sich hierfür eignen, sind u. a. alle Scoring- und Rating-Modelle, Nutzwertanalysen, ABC-Analysen und bedingt auch die bereits bei der Analyse von Risiken vorgestellten Methoden Szenario- und Sensitivitätsanalysen.[169]

Ein Rating-Verfahren ist grundsätzlich in der Lage sowohl qualitative als auch quantitative Aspekte zu berücksichtigen.[170] Rating-Verfahren wie z. B. das im Oktober 2003 vom europäischen Dachverband der nationalen Immobilienbewertungsorganisationen veröffentlichte TEGoVA sollen helfen, Chancen und Risiken von Einzelimmobilien und Immobilienportfolios differenziert zu untersuchen und zu vergleichen.[171] Immobilienratings wie das Verfahren TEGoVA sind mit konventionellen Ratings im Sinne der Bewertung von Ausfallrisiken von Investitionskrediten kaum zu vergleichen. In ihrer Systematik sind sie dem Scoring sehr ähnlich.

Die Nutzwertanalyse gehört zur Gruppe der Scoring Methoden[172]. Sie ermöglicht der bewertenden Person oder Institution, eine Alternativenbewertung unter Berücksichtigung eines multidimensionalen Zielsystems vorzunehmen und gleichzeitig spezifische Zielpräferenzen, die gewichtete Kriterien darstellen, zu berücksichtigen.[173] Die Nutzwertanalyse hat sich vor allem als Instrument der Standort- und Marktanalyse etabliert.[174]

---

[169]Vgl. Schulte 1998, S. 93 u. 296.
[170]Vgl. Lange 2005, S. 29.
[171]Vgl. Everling/Jahn/Kammermeier 2009, S. 269.
[172]Vgl. Schulte et al. 2005, S. 367.
[173]Vgl. Schwatlo 2003, S. 228.
[174]Vgl. Schulte/Fischer 2002, S. 197.

Die ABC-Analyse wird zur Konzentrationsmessung von Erfolgs- und Risikofaktoren angewendet.[175] In einem ersten Schritt werden die Risiken in Prioritätsstufen unterteilt, sogenannte A-, B- und C-Risiken. Unter A-Risiken werden diejenigen Risiken zusammengefasst, die den größten Einfluss auf den Projekterfolg haben und daher vorrangig betrachtet werden müssen. Zur Priorisierung der Risiken baut die ABC-Analyse auf der Annahme auf, dass 20 % der identifizierten Risiken bis zu 80 % des möglichen Risikoausmaßes ausmachen, und die übrigen Risiken dementsprechend geringeren Einfluss auf das Projektergebnis haben.[176]

Wendet man die im vorangegangenen Abschnitt formulierten Anforderungen an ein qualitatives Verfahren auf ein Scoring-Verfahren an, so ergibt sich folgendes Ergebnis:

Veränderungen können durch ein Scoring sehr gut abgebildet werden. Dies hängt ab von der Wahl der Indikatoren und von deren Gewichtung. Eine vorausschauende Perspektive und daher die Wahl der Indikatoren ist systembedingt möglich, wird aber bisher nicht realisiert. Für die Auswahl der Indikatoren wird bisher in der Literatur oftmals eine Regressionsanalyse und damit eine vergangenheitsbezogene Perspektive empfohlen.[177] Grundlage für die Realisierung einer vorausschauenden Perspektive wäre die Verfügbarkeit von zukunftsgewandten Informationen in Form von Zukunftsstudien, Prognosemodellen oder Szenarioanalysen.

Abhängigkeiten bzw. Relationen zwischen den Risikofaktoren können durch die Gewichtung der einzelnen Indikatoren abgebildet werden.[178] Zu berücksichtigen ist, dass es sich im immobilienwirtschaftlichen Kontext im Allgemeinen und bei der Betrachtung von Gebäuden im speziellen eher um Wirkungszusammenhänge

---

[175]Vgl. Wellner 2003, S. 23.
[176]Vgl. Miksch 2007, S. 34.
[177]Vgl. Everling/Jahn/Kammermeier 2009, S. 237.
[178]Vgl. Allendorf/Kurzrock 2007, S. 131.

als um Abhängigkeiten handelt. Dies kann dazu führen, dass einzelne Aspekte überproportional stark berücksichtigt werden.[179]

Die Methodik des Scoring ist auf eine summarische Betrachtung der Einzelrisiken ausgelegt, da eine Vielzahl von Informationen durch einen einzigen Wert abgebildet werden. Die dadurch entstehende Komplexitätsreduktion hat den Nachteil, dass die Höhe der einzelnen Risiken nicht ausgewiesen wird.[180]

Grundsätzlich ist ein Scoring verständlich und nachvollziehbar aufgebaut. Da bei einem immobilienwirtschaftlichen Scoring die Indikatoren vom handelnden Akteur in der Regel selbst aufgestellt werden,[181] hängt die Qualität des Scoring zum einen sehr stark von der Fachkompetenz des jeweiligen Akteurs und zum anderen von der Aktualität und Verfügbarkeit der den Indikatoren zugrunde liegenden Informationen ab.[182]

Zusammenfassend kann festgehalten werden, dass die Bewertung des unsystematischen Risikos einer Immobilie sich sehr gut mittels eines Scorings durchführen lässt.[183] Da die Beschaffenheit der relevanten Faktoren in erster Linie qualitativer Natur ist, bedarf es einer Operationalisierung, d. h. es müssen sowohl eine Bewertung der Ausprägungen einzelner Faktoren und eine entsprechende Gewichtung der Faktoren untereinander als auch eine adäquate Zusammenfassung vorgenommen werden. Dabei ist die Tatsache zu beachten, dass nicht sämtlichen Kriterien die gleiche Bedeu-

---

[179]Vgl. Stock 2009, S. 122.

[180]Vgl. Stock 2009, S. 122.

[181]Um den Vorgaben der eigenen Risikostrategie gerecht zu werden, bestimmen Unternehmen die Indikatoren in der Regel selbst. (Vgl. Software Exposé innosys Real Estate Business Intelligence).Darüber hinaus existieren aber auch in der Praxis etablierte Scoring-Verfahren die einen relativ umfangreichen Katalog von Indikatoren beinhalten, wie z.B. die VÖB-Immobilienanalyse (VÖB September 2006).

[182]Vgl. Stock 2009, S. 121-123.

[183]Vgl. Maier 1999, S. 129.

tung zugemessen werden kann.[184] Durch ein Scoring entsteht so
ein standardisiertes, objektives, aktuelles, nachvollziehbares und
skaliertes Urteil über die Immobilie.[185]

Insbesondere bei der Definition der Indikatoren besteht die Gefahr, dass diese sehr stark subjektiv beeinflusst und daher für
Dritte ggf. nur eingeschränkt nachvollziehbar und vergleichbar
sind.[186]

Ablauf des Scoring-Verfahrens

Im Folgenden sollen die einzelnen Schritte bei der Erstellung eines Scoring erläutert werden. Die Schritte können grob in Vorbereitung, Berechnung und Auswertung gegliedert werden.[187]

In der ersten Phase müssen, je nach Zielsetzung, die zu untersu-
chenden Dimensionen festgelegt werden. Es muss unterschieden
werden in Bewertungen von Objekten, Standorten, Märkten und
Immobilienportfolios.[188] Diese Trennung folgt der im Portfoliomanagement üblichen Gliederung in externe (fremdbestimmte) und
interne (vom Unternehmen beeinflussbare) Risiken.[189]

Die gewählten Dimensionen können anschließend unterteilt werden in Beurteilungskriterien und Indikatoren.[190] In dieser Arbeit
wird in Zusammenhang mit Gebäuden anstatt des Begriffes Beurteilungskriterien, Gebäudeeigenschaften und -merkmale verwendet.

---

[184]Vgl. Schulte et al. 2005, S. 505.

[185]Vgl. Füser 2001, S. 34.

[186]Vgl. Lange 2005, S. 103.

[187]Vgl. Bone-Winkel 1994, S. 103.

[188]Vgl. Urschel 2010, S. 261.

[189]Vgl. Bone-Winkel 1994, S. 172.

[190]Vgl. Wellner 2003, S. 181.

Die Auswahl der Indikatoren entscheidet über die spätere Aussagekraft des Scoring. Zum einen müssen diejenigen Beurteilungskriterien, Eigenschaften und Merkmale identifiziert werden, die über die Ausprägung eines Risikos bestimmen, und zum anderen müssen daraus abgeleitete Indikatoren gebildet werden, mittels derer eine Bewertung durchgeführt werden kann.

Der Begriff Indikator ist lateinischen Ursprungs; er steht in enger Verwandtschaft mit dem Wort „indicare", das wörtlich mit „anzeigen" zu übersetzen ist. Ein Indikator kann als „Repräsentant" oder „Anzeiger" für untersuchte Beurteilungskriterien, Eigenschaften Merkmale und Sachverhalte bezeichnet werden, wobei häufig mehrere Indikatoren erforderlich sind, um eine „annähernd genaue Abbildung" zu ermöglichen. Darüber hinaus werden Indikatoren als „quantifizierende Messgrößen" definiert. Es kommt ihnen die Aufgabe zu, komplexe Sachverhalte und Zusammenhänge vereinfacht und dennoch möglichst präzise darzustellen sowie umfängliche Informationen und Daten verdichtend zusammenzufassen.[191]

Das Aufstellen der Gewichtungen für die einzelnen Indikatoren, Beurteilungskriterien, Eigenschaften und Merkmale, sowie ggf. Dimension untereinander bildet den Abschluss der ersten Phase. Die Gewichtung kann mithilfe von Expertenbefragungen[192] oder auch Regressions- oder Sensitivitätsanalysen festgelegt werden.[193]

In der zweiten Phase muss für jedes Kriterium die Art und Weise der Messbarkeit festgelegt werden. Die Grundlage hierfür wurde bereits durch die Bildung von Indikatoren gelegt. Die Messung der Indikatoren kann entweder über eine natürliche, kontinuierliche Skala erfolgen oder über diskrete Punktzahlen. Ein

---

[191]Vgl. Kristof et al. 2006, S. 14.
[192]Vgl. Wellner 2003, S. 183.
[193]Vgl. Everling/Jahn/Kammermeier 2009, S. 237.

Beispiel für eine natürliche kontinuierliche Skala ist die in vielen Scoring-Verfahren im Bereich der Standortdimension abgefragten Entfernung zum öffentlichen Personennahverkehr. Im Sinne einer Vereinheitlichung der Messung werden, wenn notwendig, kontinuierliche Skalen in diskrete Punktzahlen transformiert, wobei sowohl die äquidistante Einteilung als auch andere Verfahren zur Anwendung kommen können.[194] Die Messung über diskrete Punktzahlen bietet sich immer dann an, wenn Risiken nur schwer operationalisiert werden können, beispielsweise beim Image eines Quartiers. Diese Art der Messung ist die in der Praxis am häufigsten anzutreffende.[195]

Die Festlegung der Punkteskala bewegt sich grundsätzlich in einem Spannungsverhältnis zwischen hinreichender Detailgenauigkeit bei der Abbildung der verschiedenen Sachverhalte, was für eine hohe Ausdifferenzierung der Bewertungsskala spricht und der Übersichtlichkeit und Anwendbarkeit, was eher eine niedrige Ausdifferenzierung der Bewertungsskala bedeutet. Darüber hinaus ist zu beachten, dass bei einem geraden Bewertungspunktwert bei äquidistanter Klasseneinteilung und symmetrischer Verteilung der Ausprägungen der Mittelwert nicht genau einem Bewertungspunktwert zugeordnet werden kann, da er genau die Grenze der beiden mittleren Klassen markiert.[196] Bei der Anzahl der Bewertungspunktwerte sind unterschiedliche Ansätze denkbar. In der Praxis sind Bewertungsskalen mit zehn Punkten[197] oder auch mit sechs Punkten üblich.[198] In der folgenden Abbildung 10 ist am Beispiel der Objektdimension die bisherige Vorgehensweise noch einmal grafisch dargestellt. Die Abbildung zeigt die beispielhafte Vorgehensweise für die Bewertung der Objektdimension. Dargestellt sind zwei von beliebig vielen festzulegenden Kriterien. Die

---

[194]Vgl. Urschel 2010, S. 263.
[195]Vgl. Nitzsch 2002, S. 167-170.
[196]Vgl. Urschel 2010, S. 263.
[197]Vgl. VÖB September 2006, S. 22.
[198]Vgl. HVB Expertise GmbH/Trotz 2004, S. 41-42.

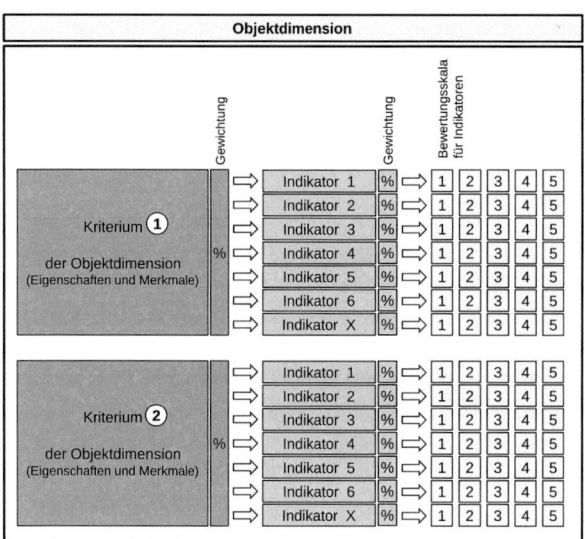

Abbildung 10: Vorbereitung eines Scoring-Verfahrens
Quelle: In Anlehnung an Wellner 2003, S. 181

Bewertung dieser setzt sich wiederum zusammen aus einer festzulegenden Anzahl von Indikatoren, die mit einer entsprechenden Gewichtung versehen werden. Die Indikatoren werden mit einer Punkteskala bewertet. Im Beispiel ist eine Bewertungsskala mit fünf Punkten abgebildet.

In der letzten Phase werden die mit den Gewichtungen multiplizierten Bewertungen zu einem Gesamtergebnis aufaddiert.[199] Je nach angestrebter Darstellungsweise kann unterschieden werden, ob Zwischenergebnisse auf Ebene der Kriterien dargestellt werden sollen oder ob nur ein Endergebnis für die jeweilige Dimension dargestellt wird.

4.2 Zusammenfassung

Im Abschnitt Riskobewertung wurden die Vor- und Nachteile quantitativer und qualitativer Verfahren zur Risikobewertung von Immobilien diskutiert und in Abgleich mit den spezifischen Besonderheiten von Immobilien wurde ein qualitatives Verfahren empfohlen. Auf den formulierten Anforderungen an ein Riskobewertungsverfahren basierend, wurde ein Scoring-Verfahren eingeführt. Der theoretische Ablauf eines Scoring wurde anschließend erläutert.

---

[199]Vgl. Nitzsch 2002, S. 163.

5 Risikosteuerung und Risikokontrolle

Die beiden Phasen Risikosteurung und Risikokontrolle bilden den Abchluß des Risikomanagement-Prozesses.

5.1 Risikosteuerung

Das Ziel der Risikosteuerung besteht darin, alle im bisherigen Risikomanagements identifizierten, bewerteten und als relevant befunden Risiken sowohl auf Portfolio- als auch auf Gebäudeebene gezielt zu steuern.[200] Die Auswahl der Methoden und Instrumente hängt maßgeblich von der Risikostrategie der handelnden Akteure ab. Grundsätzlich kann zwischen einer ursachenbezogenen und einer wirkungsbezogenen Risikopolitik unterschieden werden.[201] Eine ursachenbezogene Risikopolitik ist auf die möglichst, vollständige Beseitigung von erkannten Risikoursachen ausgerichtet, d. h. auf die Beeinflussung der Eintrittswahrscheinlichkeiten, was im optimalen Fall den Ausschluss der Möglichkeit des Risikoeintritts bedeutet. Demgegenüber zielt eine wirkungsbezogene Risikopolitik auf die Minderung der negativen Auswirkungen eines Risikos ab. In einem Unternehmen werden üblicherweise beide Strategie angewandt, wobei in der Regel ein Schwerpunkt auf eine der beiden Strategien gelegt wird.[202]

---

[200]Vgl. Stock 2009, S. 208-209.
[201]Vgl. Wossidlo 1970, S. 46 f.
[202]Vgl. Stock 2009, S. 209.

In Anlehnung an Schäfers können fünf Strategien der Risikosteuerung für Immobilien differenziert werden: Risikovermeidung, Risikoverminderung, Risikoüberwälzung, Risikoakzeptanz und Risikodialog.[203] Für die Unternehmenspraxis ist davon auszugehen, dass keine der aufgeführten Strategien in Reinkultur Anwendung findet, d. h. dass in der Regel mehrere Risikostrategien parallel für unterschiedliche Risikoarten bestehen.[204] Im Kontext des Ansatzes der vorliegenden Arbeit sollen die Strategien Risikovermeidung und Risikoverminderung erläutert werden.

5.1.1 Risikovermeidung

Die stärkste Ausprägung einer ursachenbezogenen Risikopolitik ist die Strategie der Risikovermeidung.[205] Die Risikovermeidung versucht den Eintritt von Risiken vollständig zu verhindern. Vorgehensweisen zur Risikovermeidung haben daher entweder den Ausschluss von Risikoquellen oder den Rückzug aus risikobehafteten Geschäftsfeldern zum Ziel.[206] Die einfachste Vorgehensweise zur Risikovermeidung ist sich von einem risikobehafteten Gebäude zu trennen.[207] Weitere mögliche Vorgehensweisen können beispielsweise auf den Standort, die Phase im Lebenszyklus, die Qualität des Gebäudes oder die Mieterstruktur bezogen sein.

---

[203]Vgl. Schäfers 1997, S. 196.
[204]Vgl. Lutz/Klaproth 2004, S. 18.
[205]Vgl. Schäfers 1997, S. 196.
[206]Vgl. Stock 2009, S. 210.
[207]Vgl. Kippes 2005, S. 513.

5.1.2 Risikoverminderung

Im Vordergrund möglicher Vorgehensweisen zur Risikoverminderung stehen Modernisierungs,- bzw. Revitalisierungskonzepte, d. h. Konzepte die darauf abzielen eine zukunftsfähige Marktposition eines Gebäudes zu gewährleisten.[208] Insbesondere sind in diesem Kontext Strategien zu nennen, die eine Anpassung des Gebäudebestandes an aktuelle und prognostizierbare Nachfragesituationen, unter Berücksichtigung der regionalen Rahmenbedingungen vorsehen. Regionalen Rahmenbedingungen sind neben den „klassischen" Aspekten des Marktes. auch demographische Aspekte und in zunehmenden Maße auch Auswirkungen des Klimawandels.

5.2 Risikokontrolle

Die Risikokontrolle ist die letzte Phase im Prozess des Risikomanagements. Ziel ist die kontinuierliche Überwachung von Risiken, um Abweichungen von geplanten Risikopositionen und damit eine Gefährdung eines Immobilienprojektes frühzeitig zu erkennen.[209] Soweit bei der Risikokontrolle Diskrepanzen zwischen der Ist- und der Soll-Risikoposition festgestellt werden, müssen die Ursachen hierfür mit geeigneten Methoden identifiziert werden. Weiterhin muss durch die Risikokontrolle sichergestellt werden, dass falls erforderlich, geeignete Maßnahmen zur Beseitigung der erkannten Ursachen für die Diskrepanzen und zur Nachsteuerung ergriffen werden können. Die Steuerungs- und Kontrollprozesse

---

[208]Vgl. Kippes 2005, S. 514.
[209]Vgl. Viering/Kochendörfer/Liebchen 2007, S. 323.

97

müssen sich dabei zu einem konsistenten und transparenten Mechanismus zusammenfügen.[210]

---

[210]Vgl. Stock 2009, S. 220.

6 Zusammenfassung und Fazit

In diesem Kapitel wurden Grundlagen für den Prozess des Immobilien-Risikomanagements dargestellt. Aufbauend auf der Erläuterung der Risikostrategie, die determiniert wird durch diverse gesetzliche Vorgaben, wurden die drei Prozesse Risikoidentifikation, Risikoanalyse und Risikobewertung betrachtet. Diese Prozesse stellen in Zusammenhang mit der Zielsetzung dieser Arbeit die Grundlage für weiterführende Erläuterungen in den folgenden Kapiteln dar und wurden daher in Relation zu den anderen Prozessen eingehender dargestellt.

Im Bereich der Risikoidentifikation wurde auf Möglichkeiten zur Gliederung und Systematisierung von Risiken eingegangen. Des Weiteren wurde der Zusammenhang zwischen physischen Eigenschaften und Merkmalen von Gebäuden und Risiken erläutert und auf die Informationsquellen als Grundlage für die Risikobewertung eingegangen. In Zusammenhang mit den Risikoanalysemethoden wurden Zusammenhänge zwischen Risiken aufgezeigt und Analysemethoden vorgestellt. Ein Schwerpunkt hierbei lag auf dem Due Diligence-Verfahren. Dieses Verfahren kann vor dem Hintergrund der spezifischen Besonderheiten von Immobilien als besonders geeignet betrachtet werden.

Im Bereich der Risikobewertung wurden verschiedene Verfahren diskutiert und ein qualitatives Verfahren, ein Scoring vorgeschlagen. Die Vorgehensweise des Verfahrens wurde erläutert. Abschließend wurden die beiden letzten Phasen des Risikomanagementprozesses, die Risikosteuerung und die Risikokontrolle, zusammenfassend dargestellt. Diese beiden abschließenden Prozesse wurden in Relation zu den übrigen Prozessen komprimierter dargestellt, da sie ihre eigentliche Relevanz eher im Bereich des Portfoliomanagements besitzen.

Der Prozess des immobilienwirtschaftlichen Risikomanagements ist weitgehend erforscht. Eine Vielzahl von Arbeiten hat sich diesem Thema in der Vergangenheit gewidmet. Insbesondere die immobilienspezifischen Risikokategorien, Risiken und Systematisierungsansätze wurden vielfach diskutiert.[211] Die Arbeit von Urschel bietet hierzu einen guten Überblick.[212]

Begründet durch den Ursprung des Risikomanagements in der allgemeinen Betriebswirtschaftslehre werden bei der Analyse und Bewertung von Immobilienrisiken bisher objektbezogene Risiken in Relation zu Standort- und Marktrisiken nur untergeordnet betrachtet.[213] Das bedeutet, die zur Bewertung des Objektrisikos notwendige Betrachtung physischer Merkmale und Eigenschaften von Gebäuden wird in der Regel nur in sehr einfacher Art und Weise durchgeführt.[214]

Die spezifischen Besonderheiten des Wirtschaftsgutes Immobilie, insbesondere die starken Wechselwirkungen mit den Rahmenbedingungen einer sich verändernden Umwelt, werden mittelfristig zu einem Umdenken hinsichtlich des Umgangs mit gebäudebezogenen Risiken führen. Dieser Trend wird noch verstärkt

---

[211]Eine umfangreiche Zusammenfassung von Arbeiten in diesem Themenfeld findet sich in der Arbeit von Urschel Risikomanagement in der Immobilienwirtschaft (Vgl. Urschel 2010, S. 115 f).

[212]Vgl. Urschel 2010, S. 83 f.

[213]Urschel wertet in seiner Arbeit 36 repräsentative Beiträge zum Thema Immobilien-Risikomanagement aus und kommt zu dem Ergebnis, dass der Schwerpunkt auf Standort- und Marktrisiken liegt, während Risiken der einzelnen Objekte, vor allem in der Nutzungsphase zurückfallen. Des Weiteren zeigt Urschel den weiteren Forschungsbedarf im Bereich der Einflussparameter der Objektmerkmale und -eigenschaften auf das Risiko auf. Vgl. Urschel 2010, S. 123.

[214]Vgl. u.a. Wellner 2003, S. 200 ff, Maier 1999, S. 136.

durch Maßnahmen der gesetzgebenden Institutionen. Beispielsweise strebt die deutsche Bundesregierung an, den Wärmebedarf des Gebäudebestandes mit dem Ziel zu senken, bis 2050 einen nahezu klimaneutralen Bestand zu haben.[215]

Im folgenden Kapitel sollen Ansätze aufgezeigt werden, wie mit den zukünftigen Herausforderungen an die Risikobewertung von Gebäuden umgegangen werden kann.

---

[215]Vgl. BMWi / BMU 28. September 2010, S. 22 f.

Teil D

Weiterentwicklungspotentiale des immobilienwirtschaftlichen Risikomanagements

Neben der Weiterentwicklung von gesetzlichen Rahmenbedingungen, der stärkeren Beachtung von Wechselwirkungen zwischen Immobilien- und Finanzwirtschaft sowie einer zunehmenden Professionalisierung ist der Wandel in der Immobilienwirtschaft u. a. auch an der zunehmenden Wahrnehmung der Verantwortung gegenüber Umwelt und Gesellschaft ablesbar. Die aktuelle Situation ist dabei auch durch die Diskussion um die ökonomischen Vorteile nachhaltiger Gebäude gekennzeichnet. Aus-
gelöst wurde diese Diskussion u. a. durch eine Reihe von Studi-
en im englischsprachigen Raum, wie z. B. „Green Building Costs
and Financial Benefits"[216], „Does Green Pay Off?"[217] oder „New
Evidence on the Green Building Rent and Price Premium"[218].
Beim Begriff des „nachhaltigen Gebäudes" oder des im anglo-
amerikanischen Sprachgebrauch häufig verwendeten Ausdruckes
„Green Buildings" herrscht bisher Uneinigkeit. Vor allem in den
USA werden unter „Green Buildings" in erster Linie energiespa-
rende Gebäude verstanden. In diesem Forschungsbericht werden
mit dem Begriff „nachhaltige Gebäude" Gebäude beschrieben, die
hinsichtlich ökonomischer, ökologischer, sozialer, technischer und
funktionaler Qualitäten höchsten Anforderungen gerecht werden,
sich durch eine hohe gestalterische und städtebauliche Qualität
auszeichnen sowie bei deren Planung, Errichtung und Bewirtschaftung auf eine hohe Prozessqualität geachtet wird.

Insgesamt haben die Entwicklungen dazu geführt, dass sich die
Wertvorstellungen der Marktteilnehmer zugunsten nachhaltiger
Gebäude verschoben haben. Nicht zuletzt das gestiegene Interes-
se an Zertifizierungen für nachhaltige Gebäude, sei es durch in-
ternationale Labels wie z. B. LEED oder nationale Labels wie das
Deutsche Gütesiegel Nachhaltiges Bauen (DGNB), spiegeln diese
Entwicklung wieder.

---

[216]Vgl. Kats 2003, S. 13.
[217]Vgl. Miller/Spivey/Florance 2008.
[218]Vgl. Fuerst/McAllister.

Bisher unzureichend abgebildet sind diese Entwicklungen im Bereich des immobilienwirtschaftlichen Risikomanagements. Die Herausforderung besteht darin, unter Berücksichtigung der sich ändernden Anforderungen an Gebäude, die risikorelevanten Merkmale und Eigenschaften zu identifizieren, zu operationalisieren und in die entsprechenden Vorgehensweisen und Methoden zu integrieren.

Ziel ist es, diejenigen Eigenschaften und Merkmale von Gebäuden zu identifizieren und zu bewerten, die im Kontext einer nachhaltigkeitsorientierten Betrachtung direkten Einfluss auf das Chancen-/Risikoprofil des Wirtschaftsgutes Immobilie haben. Ziel ist es nicht, neue „Nachhaltigkeitsrisiken" zu benennen, sondern diejenigen risikorelevanten Gebäudeinformationen zu identifizieren und angepasst zu bewerten, die unter dem Einfluss einer sich verändernden Umwelt zukünftig an Bedeutung gewinnen werden. Die Randbedingungen einer sich verändernden Umwelt sind in erster Linie gekennzeichnet durch den Klimawandel und den demographischen Wandel. Weitere nicht zu unterschätzende Faktoren sind die zunehmende Verknappung der natürlichen Ressourcen, der Wertewandel in der Gesellschaft und die damit in Zusammenhang stehende Individualisierung und Ausdifferenzierung der Lebensformen und Wohnwünsche sowie die soziodemographische Polarisierung.

Bisherige Ansätze zur Messung eines Immobilienrisikos oder des Marktrisikos basieren auf den bereits aus anderen Finanzinstrumenten bekannten Risikomaßen, die das Risiko als Abweichung der realisierten Größen wie z. B. Mieten oder Renditen von den erwarteten oder als Mindestwert festgelegten Werten messen. Problematisch ist, dass diese Risikomaße hauptsächlich auf historischen Wahrscheinlichkeitsverteilungen basieren, die implizieren, dass die Werte aus der Vergangenheit eine gute Prognosekraft für die Zukunft besitzen. Dies muss aufgrund instabiler Verteilungen im Zeitverlauf jedoch bezweifelt werden, sodass sich die Notwen-

digkeit einer Prognose zukünftiger Entwicklungen für die Risikomessung ergibt. Prognosen benötigen jedoch die Auseinandersetzung mit den Chancen- und Risikofaktoren bei Immobilien sowie
die Offenlegung von Ursache-Wirkungs-Zusammenhängen.[219]

---

[219]Vgl. Jedem 2006, S. 75.

1 Ableitung von nachhaltigkeitsbezogenen, risikorelevanten Eigenschaften, Merkmalen und Indikatoren zur Risikobewertung

Ziel der Integration von Nachhaltigkeitsaspekten in die Risikobetrachtung von Immobilien ist es, Immobilienmerkmale und -eigenschaften, die in Zukunft voraussichtlich zu einer veränderten Bewertung von Immobilien führen können, zu identifizieren und hinsichtlich ihrer Beschreib- und Bewertbarkeit zu operationalisieren.[220] Der hierbei verfolgte Ansatz unterscheidet sich von anderen Ansätzen dadurch, dass keine ausschließliche Bewertung der Nachhaltigkeit eines Gebäudes eingeführt werden soll. Vielmehr sollen Ansätze aufgezeigt werden, vorhandene Methoden zur Beurteilung des Chancen-/Risikoprofils von Gebäuden um Nachhaltigkeitsaspekte zu erweitern. Hierzu werden risikorelevante Eigenschaften und Merkmale von Gebäuden mit Bezug zu Nachhaltigkeitsaspekten herausgearbeitet, um diese einerseits in der Risikobeurteilung besser als bisher zu berücksichtigen und sie andererseits in der Planung, Modernisierung und Bewirtschaftung gezielt beeinflussen zu können.

---

[220]Vgl. Holthausen/Meins/Christen Juni 2009, S. 3.

1.1 Rahmenbedingungen einer sich verändernden Umwelt – Megatrends

Den Ausgangspunkt für die Identifizierung der risikobeeinflussenden Trends bilden die Rahmenbedingungen einer sich verändernden Umwelt, die sog. Megatrends. Diese wirken sich auf fast alle Bereiche des individuellen und des öffentlichen Lebens aus und bilden daher auch für das zukünftige Wohnen und Arbeiten einen Rahmen. Neben den gesellschaftlichen Entwicklungslinien stellen vor allem Begrenzung und Bewältigung des Klimawandels sowie die Schonung von Ressourcen die zentralen Herausforderungen zukünftigen Wirtschaftens dar. Bezug nehmend auf *Teil B, Kapitel 1 (Die sich verändernde Umwelt – Megatrends)* sollen diese sog. Megatrends hier noch einmal kurz aufgezählt werden:

- Demographischer Wandel[221]

- Klimawandel

- Soziodemographische Polarisierung

- Wertewandel/Individualisierung der Lebensformen[222]

- Verknappung von Ressourcen – wachsende (politische) Anforderungen an Ressourcenschonung, Klimaschutz und nachhaltige Entwicklung

- Professionalisierung und Ökonomisierung der Wohnungs- und Immobilienwirtschaft

---

[221] Bevölkerungsentwicklung (Anzahl und Altersstruktur, inkl. Alterung), Entwicklung von Art und Anzahl der Haushalte, Wanderungsbewegungen.

[222] Wahrnehmung der Verantwortung gegenüber Umwelt und Gesellschaft, CSR, Umweltbewusstsein, Gesundheitsbewusstsein, Auseinandersetzung mit nachhaltiger Entwicklung, Image.

1.2 Resultierende Herausforderungen für die Wohnungswirtschaft – Auswertung verschiedener Studien

Ausgehend von den bereits identifizierten übergeordneten Trends ergeben sich für die Wohnungs- und Immobilienwirtschaft unterschiedliche neue Herausforderungen. In Deutschland existieren eine Reihe unterschiedlicher Veröffentlichungen, die sich mit diesem Thema auseinandersetzen. Die Studien, die sowohl von öffentlicher als auch von privatwirtschaftlicher Seite veröffentlicht werden, unterscheiden sich hauptsächlich im Detaillierungsgrad mit dem die zukünftigen Anforderungen an Gebäude, Standort und Unternehmen beschrieben werden. Im Folgenden sollen die Ergebnisse einiger repräsentativer Studien dargelegt werden:

1.2.1 Wohntrends 2020

Der GdW (Bundesverband deutscher Wohnungs- und Immobilienunternehmen e.V.) hat in seiner Studie „Wohntrends 2020" die zentralen Themenfelder des Wohnens untersucht. Das Spektrum reicht von der Ausdifferenzierung der Nachfrage über Energie, Ökologie und Technik bis hin zur Quartiersentwicklung.[223] Im Einzelnen sind die folgenden Trends erkennbar:

- Der energetische Standard der Wohnung wird vor allem auf entspannten Märkten zu einem wichtigen Nachfragekriterium.

---

[223]Vgl. GdW 2008, S. 69 ff.

- Sicherheitsmaßnahmen im Wohnbereich (z. B. einbruchshemmende Eingangstüren), in erster Linie kostengünstige Lösungen, gewinnen an Bedeutung.

- Die Anforderungen an die multimediale Ausstattung der Wohnung werden über den Breitbandanschluss hinaus steigen.

- Der separate Büroarbeitsplatz zu Hause wird zum wichtigen Nachfragekriterium.

- Die Wohnung wird verstärkt zum Pflege- und Gesundheitsstandort.

- Ein barrierearmes Wohnumfeld wird wichtiger Nachfragefaktor.

1.2.2 Der demographische Wandel und seine Konsequenzen für Wohnungsnachfrage, Städtebau und Flächennutzung

Die von der GdW identifizierten Trends sind, vor allem im Bereich von infrastrukturellen Anforderungen an das Wohnumfeld, weitestgehend deckungsgleich mit Ergebnissen eines Gutachtens des Leibniz-Instituts für Regionalplanung und Strukturplanung im Auftrag des Deutschen Bundestags mit dem Titel: Der demographische Wandel und seine Konsequenzen für Wohnungsnachfrage, Städtebau und Flächennutzung.[224] Die im Gutachten beschriebenen Herausforderungen können folgendermaßen zusammengefasst werden:

---

[224]Vgl. Bürkner et al. März 2007, S. 41 ff.

- Steigerung der Lebensqualität in den Innenstädten durch ein attraktiv gestaltetes Stadtbild, insbesondere durch Grünflächen und Freiräume.

- Durch die kurz- bis mittelfristig auftretende zusätzliche Flächeninanspruchnahme und die zusätzlichen Anforderungen durch die steigende Zahl der Haushalte, den Remanenzeffekt[225] sowie die Zunahme der Wohnfläche pro Kopf gewinnt die Mobilisierung und Wiedernutzung innerstädtischer Brachen unter der Maßgabe einer stärkeren Mischung von verträglichen Funktionen (Wohnen, Arbeiten, Handel, Freizeit etc.) an Bedeutung.

- Flexibel und vielfältig nutzbare, insbesondere auf die Bedürfnisse von alten Menschen abgestimmte Infrastruktureinrichtungen und Verkehrskonzepte werden in Zukunft stärker nachgefragt werden.

- Die Bedürfnisse alter Menschen müssen in Zukunft stärkere Berücksichtigung bei Gestaltung und Ausstattung von Wohnraum erfahren. Hierzu gehören ebenfalls sog. wohnungsnahe Dienstleistungen.

- Wohnungen und deren Umfeld werden künftig sehr viel mehr als heute Qualitätsmerkmale aufweisen müssen, um den wachsenden Ansprüchen an Flexibilität und Multifunktionalität genügen zu können.

- Die spezifischen soziokulturellen Bedürfnisse diverser Zuwanderer an das Wohnumfeld müssen stärker berücksichtigt werden.

---

[225]Der Remanenzeffekt bezeichnet in der Stadtplanung das Verbleiben älterer Menschen in ihrer angestammten Wohnung, nachdem sich ihre Familie verkleinert hat.

1.2.3 Bericht über die Wohnungs- und Immobilienwirtschaft in Deutschland

Ein ebenfalls von der Bundesregierung initiiertes Forschungsvorhaben ist der vom Bundesministerium für Verkehr, Bau- und Stadtentwicklung (BMVBS) herausgegebene „Bericht über die Wohnungs- und Immobilienwirtschaft in Deutschland". Der Bericht dokumentiert die große Bedeutung der Wohnungs- und Immobilienwirtschaft für die deutsche Volkswirtschaft. Neben der Beschreibung der aktuellen Situation der Wohnungs- und Immobilienmärkte befasst sich der Bericht mit den vorherrschenden und zukünftigen Trends und den resultierenden Herausforderungen. Im Einzelnen werden folgende benannt:[226]

- Der Bedarf an altengerechten Wohnungen wächst und erfordert entsprechende Anpassungen des Wohnungsbestandes. Die Änderung der Lebensstile geht mit einer weiter wachsenden Zahl kleiner Haushalte einher, deren Nachfrage sich auf andere Wohnungsgrößen und -grundrisse richtet. Diese Entwicklung kann sich je nach sektoralen und regionalen Teilmärkten höchst unterschiedlich darstellen.

- Die Änderung der Lebensstile und Wohnwünsche geht mit einer weiter wachsenden Zahl kleiner Haushalte einher.

- Die Bewältigung des Klimawandels stellt eine der großen Herausforderungen dieser und der nächsten Generationen dar. Ausgehend von den daraus resultierenden wachsenden politischen Anforderungen ist die Verringerung des CO_2-Ausstoßes eines der vorrangigen Ziele. Dem Gebäudebereich, auf den 20 Prozent der CO_2-Emissionen entfallen, kommt dabei eine Schlüsselrolle zu.

---

[226]Vgl. BMVBS 2009a, S. 17.

- Die Wohnungs- und Immobilienwirtschaft wird durch den wachsenden Einfluss der internationalen Kapitalmärkte zunehmend zum Gegenstand globaler Anlagestrategien. Im Interesse der Wettbewerbsfähigkeit des Standortes werden nationale, institutionelle und steuerliche Regelungen mehr und mehr nach internationalen Standards vereinheitlicht. Auf europäischer Ebene werden harmonisierte Regelungen auf den mit den Wohnungs- und Immobilienmärkten eng verbundenen Bereichen wie Gesellschafts-, Steuer- und Beihilferecht durchgesetzt, die die Rahmenbedingungen für die Bewirtschaftung von Immobilien verändern.

- Die Teilmärkte innerhalb Deutschlands werden sich weiter ausdifferenzieren, d. h. die Schere zwischen wachsenden und schrumpfenden Regionen öffnet sich weiter. In schrumpfenden Gebieten ist mit Leerständen sowie Preis- und Mietrückgängen zu rechnen. Gleichzeitig gibt es Wachstumsregionen, in denen Mieten und Preise steigen und daher verstärkt Neubauinvestitionen erforderlich sein werden. Instrumente der Wohnungs- und Stadtentwicklungspolitik müssen mit Blick auf regionale Erfordernisse weiterentwickelt werden.

- Die Wohnungs- und Immobilienwirtschaft muss sich weiterhin einem Prozess der Professionalisierung stellen. Methoden und Werkzeuge müssen hinsichtlich ihrer Eignung zukunftsorientierte Entscheidungen zu treffen neu beurteilt werden.

1.2.4 Raumordnungsprognose 2025

Das Bundesamt für Bauwesen und Raumordnung (BBR) hat als Bundesoberbehörde im Geschäftsbereich des Bundesministeriums für Verkehr, Bau und Stadtentwicklung (BMVBS) den gesetzlichen Auftrag, ein Informationssystem zur räumlichen Entwicklung im Bundesgebiet zu führen. Dazu ermittelt es fortlaufend den Stand, die Veränderungen der räumlichen Entwicklung sowie deren Folgen, wertet sie aus und bewertet sie. Teil dieses Informationssystems ist die Raumordnungsprognose. In ihr werden ausgewählte Eckwerte der räumlichen Entwicklung prognostiziert. Aus den Ergebnissen wird öffentlicher Handlungsbedarf abgeleitet und in Handlungsempfehlungen umgesetzt.[227]

- Die Alterung der Bevölkerung ist am Rande der Städte besonders stark. Dies verändert die Standortansprüche der Bewohner und hat vielfältige Auswirkungen auf die dortigen Wohnungsmärkte.

- Bis 2025 wird die Zahl der Erwerbspersonen stärker als die Bevölkerung zurückgehen. Hinter diesem gesamträumlichen Trend stecken eine Stagnation der alten Länder und starke Abnahmen der neuen Länder. Zudem zeigen sich jeweils siedlungsstrukturelle Besonderheiten. Im Osten öffnet sich eine Schere zwischen den Städten mit noch moderaten Abnahmen und dem Rest der neuen Länder mit starker Schrumpfung. Die innere Zusammensetzung der Erwerbspersonen verändert sich. Der Anteil (oft auch die absolute Zahl) älterer Erwerbspersonen steigt, während die jüngeren weniger werden. Diese Alterung findet überall statt, zeigt aber regionale Besonderheiten. Bei der Konkurrenz um die jungen Erwerbspersonen haben die wirtschaftsdynamischen Agglomerationen, insbesondere die vier Metropolregionen München, Stuttgart, Frankfurt und Hamburg, gewisse Vorteile.

---

[227]Vgl. Bucher 2008, S. 1 ff.

- Trends im Haushaltsbildungsverhalten gehen in Richtung kleinere Haushalte. Sie werden von den jüngeren Personengruppen getragen. Doch auch ältere Jahrgänge tragen zu diesem Individualisierungsprozess bei, weil über die Alterung die Zahl der Rentner- und Witwenhaushalte ansteigt. Dies hat unmittelbaren Einfluss auf die Nachfrageseite der Wohnungsmärkte. Alternde Bevölkerungen weiten ihre Flächennachfrage pro Kopf tendenziell aus, denn auch bei abnehmender Familiengröße verbleiben die restlichen Mitglieder häufig in der bisherigen Wohnung.

- Jenseits der gesamträumlichen Entwicklung lassen sich noch Regionen mit Wohnungsmarktdynamik entdecken. An den Rändern von Agglomerationen, in Gebieten mit suburbanen Funktionen zeigt sich noch Bevölkerungswachstum mit Bedeutung für die Wohnungsmärkte.

- Mit der stetigen Abnahme der Zahl junger Menschen sinkt der Bedarf an Jugendeinrichtungen. Zugleich nimmt die Zahl der Älteren in allen Stadt- und Gemeindetypen erheblich zu. Damit steigt der Bedarf an Beratungs- und Betreuungsangeboten, medizinischen Einrichtungen wie auch Alten- und Pflegeheimen.

1.2.5 Dem Klimawandel begegnen – Die deutsche Anpassungsstrategie

In dem Strategiepapier des Bundesministeriums für Umwelt, Naturschutz und Reaktorsicherheit (BMU), „Dem Klimawandel begegnen – die Deutsche Anpassungsstrategie", steht, im Gegensatz zu den anderen zitierten Veröffentlichungen des Bundes, nicht der demographische Wandel im Fokus, sondern der Klimawandel.[228] Die Veröffentlichung zeigt Anpassungsstrategien an Auswirkungen des Klimawandels wie z. B. Extremwetterereignisse in unterschiedlichen Bereichen des öffentlichen Lebens auf. Die im Kontext dieses Strategiepapiers wesentlichen Bereiche sind das Bauwesen sowie die Raum- und Regionalplanung. Die Herausforderungen, an die es sich anzupassen gilt, sind im Einzelnen:

- Lang anhaltende Hitzewellen, Wolkenbrüche und schwere Stürme gefährden Häuser, Brücken, Straßen und Abwasserkanäle unmittelbar.

- Die genauen negativen Auswirkungen auf die Bausubstanz von häufiger auftretenden feuchten Wintern und mehr Sonneneinstrahlung im Sommer ist momentan schwer prognostizierbar.

- Die regionalen klimatischen Besonderheiten müssen noch stärker in Bauplanung, -technik und -ausführung berücksichtigt werden.

- Normen im Baubereich müssen zukunftsorientiert überprüft werden.

- Der sommerliche Wärmeschutz, vor allem bei Dachgeschosswohnungen, wird immer wichtiger.

- Eine Herausforderung der Raumplanung ist das Freihalten von Frischluftschneisen in Stadtgebieten, um eine Überhitzung im Sommer zu vermeiden.

- Deiche müssen auch künftig Küsten und Inseln so gut wie möglich vor Sturmfluten schützen. Zusätzlich gilt es, neue

---

[228]Vgl. BMU März 2009.

Formen von Sicherungsmaßnahmen zu entwickeln, die auch nach Deichbrüchen noch funktionieren.

- In den Alpen werden Muren, Felsstürze und Bodenerosion zunehmen, wenn Starkregen und Stürme häufiger auftreten. Hier muss die Raumordnung dafür sorgen, Risikobereiche von Bebauung und Verkehr frei zu halten.

- Wenn klimatisch bedingt weniger Grundwasser gebildet wird, muss diese knapper werdende Ressource gesichert werden. Wichtig ist auch, durch Planungen eine angepasste Nutzung zu erreichen.

1.2.6 Megatrends der Entwicklungen am Immobilienmarkt bis zum Jahr 2025 in Deutschland

Neben den bereits dargelegten Studien, die bis auf die des Bundesverband deutscher Wohnungs- und Immobilienunternehmen e.V., alle von öffentlicher Seite aus initiiert worden sind, sollen nachfolgend zwei privatwirtschaftliche Prognosen betrachtet werden. Die erste trägt den Titel „Megatrends der Entwicklungen am Immobilienmarkt bis zum Jahr 2025 in Deutschland".[229] Im Gegensatz zu den anderen Studien erfolgt diese Betrachtung eher aus dem Blickwinkel des Kapitalmarktes. Im Sinne einer möglichst umfassenden und facettenreichen Recherche von Arbeiten die sich mit den Herausforderungen an zukünftige Wohn- und Immobilienmärkte befassen, stellt diese Prognose einen wichtigen Beitrag dar. Die identifizierten Herausforderungen lauten:

---

[229]Vgl. Möller 26.2.2010.

- Sinkende Mieten in den Regionen außerhalb der Agglomerationsräume verursachen dort Wertverluste bei den Bestandsimmobilien bis hin zum wirtschaftlichen Totalausfall.

- Bei Investitionen in Neubauten außerhalb der Agglomerationen sind mittelfristig Wertverluste wahrscheinlich, in ländlichen Regionen sogar sicher.

- Bei Investitionen in Bestandsimmobilien in „ländlichen Räumen" mit Bevölkerungsverlusten muss der Mietmultiplikator deutlich unter 10 liegen, da hier mittelfristig die Mieten sinken werden.

- Da in allen Regionen die Kosten für Neubauten mit den Tarifeinkommen weiter steigen, verlieren diese auch in den Agglomerationen an Wettbewerbsfähigkeit gegenüber Bestandsimmobilien. Die Neubauzahlen sinken weiter ab.

- Bei anhaltendem Zuzugsdruck auf die Agglomerationen steigen dort nach 2010 die Mieten und damit die Werte von Bestandsimmobilien langsam an. Der Preisabstand zwischen Neubauinvestitionen und Renovierungen bleibt trotzdem groß.

- Wegen ausbleibender Inflationsschübe ist nicht mit einer Tilgung von Krediten durch nominal stark steigende Mieten zu rechnen.

1.2.7 Bauen als Klimaschutz – Warum die Bauwirtschaft vom Klimawandel profitiert

Eine weitere privatwirtschaftliche Studie stammt von der Deutschen Bank. Die Unternehmenstochter Deutsche Bank Research

hat den Bericht „Bauen als Klimaschutz – Warum die Bauwirtschaft vom Klimawandel profitiert" veröffentlicht.[230] Im Gegensatz zu vielen anderen Veröffentlichungen in diesem Themenbe-
reich stellt diese Veröffentlichung den aus den Megatrends entstehenden Risiken die im gleichen Zusammenhang entstehenden
Chancen gegenüber. Die beschriebenen Chancen konzentrieren
sich hauptsächlich auf Bauaufträge, die infolge des Klimawandels
entstehen, zum einen durch Extremwetterereignisse und die dadurch entstehenden Bauschäden und zum anderen durch energetische Sanierungsmaßnahmenz im Bestand. Neben Herausforderungen, die aus dem Klimawandel entstehen, werden auch demographische Aspekte benannt. Die Kernaussagen des Berichtes
können wie folgt zusammengefasst werden:

- Die Auswirkungen des Klimawandels können unterschieden werden in die klimatisch-natürliche und in die marktwirtschaftlich-regulatorische Dimension. Während erstere
  die reinen Klimawirkungen umfasst, schließt die letztere
  staatliche Maßnahmen ein, die den Klimawandel verlangsamen und seine negativen Folgen abmildern sollen. Beide
  Dimensionen wirken sich direkt auf die Wohn- und Immobilienwirtschaft aus.

- Klima- und energiepolitische Maßnahmen führen zu Investitionen im Gebäudebestand.

- Der Wohnflächenbestand wird in den nächsten Jahren trotz
  rückläufiger Bevölkerungszahl weiter zunehmen, denn zum
  einen bedeutet eine alternde Gesellschaft kleinere durchschnittliche Haushaltsgrößen und zum anderen ist der Trend
  zu mehr Wohnfläche je Haushalt noch nicht gestoppt.

---

[230]Vgl. Deutsche Bank Research 09.10.2008.

1.2.8 Zusammenfassung und Systematisierung

Zusammenfassend lässt sich vor allem feststellen, dass der Schwerpunkt der untersuchten Studien im Bereich des Demographischen Wandels zu finden ist. Dies lässt sich u. a. damit erklären, dass Forschung im Feld der Bevölkerungswissenschaft auf eine lange Tradition zurückblicken kann. Des Weiteren können in diesem Bereich aufgrund der besten Datenverfügbarkeit die genauesten Prognosen vorgenommen werden. Eine ebenfalls sehr große Bedeutung wird den Folgen des Klimawandels zugemessen. Um einen besseren Überblick über die identifizierten Herausforderungen zu erhalten, sollen sie im Folgenden zusammengefasst und systematisiert werden. Zusätzlich können sie unterteilt werden in Aspekte, die sich hauptsächlich auf Gebäude auswirken und Aspekte, die den Standort betreffen. Zusätzlich werden ausgewählte Herausforderungen ergänzt, die nach Ansicht des Autors in den zitierten Studien nicht präzise genug benannt worden sind.

Die Herausforderungen, die unter den beiden letzten Überbegriffen Wachsende Professionalisierung und Ökonomisierung der Wohnungswirtschaft und Wachsenden (politische) Anforderungen an eine nachhaltige Entwicklung zusammengefasst werden lassen sich nicht in gebäudebezogen und standortbezogen unterteilen. Vielmehr werden hierbei die Herausforderungen beschrieben, denen sich in Zukunft die Wohnungswirtschaft auf der Ebene von Unternehmensprozessen stellen muss.

Demographischer Wandel

Gebäude

- Der Wohnflächenbestand wird in den nächsten Jahren weiter zunehmen. Eine alternde Gesellschaft geht mit kleineren durchschnittliche Haushaltsgrößen einher. Zudem ist der Trend zu mehr Wohnfläche je Haushalt noch nicht gestoppt.

- Durch den anhaltendem Zuzugsdruck auf die Agglomerationen steigen dort die Mieten und damit die Werte von Bestandsimmobilien langsam an. Der Preisabstand zwischen Neubauinvestitionen und Renovierungen bleibt groß.

- Der Bedarf an altengerechten Wohnungen wächst und erfordert entsprechende Anpassungen des Wohnungsbestandes.

- Die Änderung der Lebensstile geht mit einer weiter wachsenden Zahl kleiner Haushalte einher, deren Nachfrage sich auf andere Wohnungsgrößen und -grundrisse richtet. Diese Entwicklung kann sich je nach sektoralen und regionalen Teilmärkten höchst unterschiedlich darstellen.

- Die Wohnung wird verstärkt zum Pflege- und Gesundheitsstandort.

- Die Bedürfnisse alter Menschen müssen in Zukunft stärkere Berücksichtigung bei Gestaltung und Ausstattung von Wohnraum erfahren. Hierzu gehören ebenfalls sog. wohnungsnahe Dienstleistungen.

Standort

- Mit der stetigen Abnahme der Zahl junger Menschen sinkt der Bedarf an Jugendeinrichtungen. Zugleich nimmt die Zahl der Älteren in allen Stadt- und Gemeindetypen erheblich zu. Damit steigt der Bedarf an Beratungs- und Betreuungsangeboten, medizinischen Einrichtungen wie auch Alten- und Pflegeheimen.

- Jenseits der gesamträumlichen Entwicklung lassen sich noch Regionen mit Wohnungsmarktdynamik entdecken. An den Rändern von Agglomerationen, in Gebieten mit suburbanen Funktionen zeigt sich noch Bevölkerungswachstum mit Bedeutung für die Wohnungsmärkte.

- Flexibel und vielfältig nutzbare, insbesondere auf die Bedürfnisse von alten Menschen abgestimmte Infrastruktureinrichtungen und Verkehrskonzepte werden in Zukunft stärker nachgefragt werden.

- Die Teilmärkte innerhalb Deutschlands werden sich weiter ausdifferenzieren, d.h. die Schere zwischen wachsenden und schrumpfenden Regionen öffnet sich weiter. In schrumpfenden Gebieten ist mit Leerständen sowie Preis- und Mietrückgängen zu rechnen. Gleichzeitig gibt es Wachstumsregionen, in denen Mieten und Preise steigen und daher verstärkt Neubauinvestitionen erforderlich sein werden. Instrumente der Wohnungs- und Stadtentwicklungspolitik müssen mit Blick auf regionale Erfordernisse weiterentwickelt werden.

- Die Alterung der Bevölkerung ist am Rande der Städte besonders stark. Dies verändert die Standortansprüche der Bewohner und hat vielfältige Auswirkungen auf die dortigen Wohnungsmärkte.

- Bis 2025 wird die Zahl der Erwerbspersonen stärker als die Bevölkerung zurückgehen. Hinter diesem gesamträumlichen Trend stecken eine Stagnation der alten Länder und starke Abnahmen der neuen Länder. Zudem zeigen sich jeweils siedlungsstrukturelle Besonderheiten. Im Osten öffnet sich eine Schere zwischen den Städten mit noch moderaten Abnahmen und dem Rest der neuen Länder mit starker Schrumpfung. Die innere Zusammensetzung der Erwerbspersonen verändert sich. Der Anteil (oft auch die absolute Zahl) älterer Erwerbspersonen steigt, während die jüngeren weniger werden. Diese Alterung findet überall statt, zeigt aber regionale Besonderheiten. Bei der Konkurrenz um die jungen Erwerbspersonen haben die wirtschaftsdynamischen Agglomerationen, insbesondere die vier Metropolregionen München, Stuttgart, Frankfurt und Hamburg, gewisse Vorteile.

- Sinkende Mieten in den Regionen außerhalb der Agglomerationsräume verursachen dort Wertverluste bei den Bestandsimmobilien bis hin zum wirtschaftlichen Totalausfall.

- Bei Investitionen in Neubauten außerhalb der Agglomerationen sind mittelfristig Wertverluste wahrscheinlich, in ländlichen Regionen sogar sicher.

- Da in allen Regionen die Kosten für Neubauten mit den Tarifeinkommen weiter steigen, verlieren diese auch in den Agglomerationen an Wettbewerbsfähigkeit gegenüber Bestandsimmobilien. Die Neubauzahlen sinken weiter ab.

Klimawandel

Gebäude

- Klima- und energiepolitische Maßnahmen führen zu Investitionen im Gebäudebestand.

- Die Anforderungen an den sommerlichen Wärmeschutz werden steigen. Von besonderer Bedeutung hierbei ist die Vermeidung bzw. die Begrenzung des Investitions- und Betriebsaufwandes für Kühl- und Klimaanlagen.

- Lang anhaltende Hitzewellen, Wolkenbrüche und schwere Stürme gefährden Häuser, Brücken, Straßen und Abwasserkanäle unmittelbar. Die genauen negativen Auswirkungen auf die Bausubstanz von häufiger auftretenden feuchten Wintern und mehr Sonneneinstrahlung im Sommer ist momentan schwer prognostizierbar.

- Die regionalen klimatischen Besonderheiten müssen noch stärker in Bauplanung, -technik und -ausführung berücksichtigt werden.

Standort

- Grünflächen und Freiräume im innerstädtischen Bereich werden in Zusammenhang mit der aus dem Klimawandel resultierenden Erwärmung als Standortmerkmal an Bedeutung gewinnen.

- Bei der Auswahl des Standortes müssen lokale Umweltrisiken in Abhängigkeit von den regionalen Gegebenheiten stärker berücksichtigt werden.

- Eine Herausforderung der Raumplanung ist das Freihalten von Frischluftschneisen in Stadtgebieten, um eine Überhitzung im Sommer zu vermeiden.

- Deiche müssen auch künftig Küsten und Inseln so gut wie möglich vor Sturmfluten schützen. Zusätzlich gilt es, neue Formen von Sicherungsmaßnahmen zu entwickeln, die auch nach Deichbrüchen noch funktionieren.

- In den Alpen werden Muren, Felsstürze und Bodenerosion zunehmen, wenn Starkregen und Stürme häufiger auftreten. Hier muss die Raumordnung dafür sorgen, Risikobereiche von Bebauung und Verkehr frei zu halten.

Soziodemographische Polarisierung

Gebäude

- Sicherheitsmaßnahmen im Wohnbereich (z. B. einbruchshemmende Eingangstüren), in erster Linie kostengünstige Lösungen, gewinnen an Bedeutung.

- Ansteigende Mietausfälle als Folge der zunehmenden Polarisierung der Einkommensstruktur

Standort

- Sozialer Segregation, Armutsinseln und Abwärtsspiralen führen zu einer Art Ghettobildung und den damit zusammenhängenden Abwertung von Quartieren

Wertewandel / Individualisierung der Lebensformen

Gebäude

- Die Änderung der Lebensstile und Wohnwünsche geht mit einer weiter wachsenden Zahl kleiner Haushalte einher, deren Nachfrage sich auf andere Wohnungsgrößen und -grundrisse richtet.

- Trends im Haushaltsbildungsverhalten gehen in Richtung kleinere Haushalte. Sie werden von den jüngeren Personengruppen getragen. Doch auch ältere Jahrgänge tragen zu diesem Individualisierungsprozess bei, weil über die Alterung die Zahl der Rentner- und Witwenhaushalte ansteigt. Dies hat unmittelbare Einflüsse auf die Nachfrageseite der Wohnungsmärkte. Alternde Bevölkerungen weiten ihre Flächennachfrage pro Kopf tendenziell aus, denn auch bei abnehmender Familiengröße verbleiben die restlichen Mitglieder häufig in der bisherigen Wohnung.

- Die Anforderungen an die multimediale Ausstattung der Wohnung werden über den Breitbandanschluss hinaus steigen.

- Der separate Büroarbeitsplatz zu Hause wird zunehmend zu einem Nachfragekriterium.

Standort

- Durch die Ausdifferenzierung der Lebensstile und Wohnwünsche werden auch die Anforderungen an das Wohnumfeld vielfältiger.

Verknappung von Ressourcen

Gebäude

• Der energetische Standard der Wohnung wird vor allem auf entspannten Märkten zu einem wichtigen Nachfragekriterium.

• Klima- und energiepolitische Maßnahmen führen zu Investitionen im Gebäudebestand.

• Wenn klimatisch bedingt weniger Grundwasser gebildet wird, muss diese knapper werdende Ressource gesichert werden. Wichtig ist in diesem Zusammenhang, durch Planungen eine angepasste Nutzung zu erreichen.

Wachsende (politische) Anforderungen an eine nachhaltige Entwicklung

Unternehmen

• Die Auswirkungen des Klimawandels können unterschieden werden in die klimatisch-natürliche und in die marktwirtschaftlich-regulatorische Dimension. Während erstere die reinen Klimawirkungen umfasst, schließt die letztere staatliche Maßnahmen ein, die den Klimawandel verlangsamen und seine negativen Folgen abmildern sollen. Beide Dimensionen wirken sich direkt auf die Wohn- und Immobilienwirtschaft aus.

• Die Bewältigung des Klimawandels stellt eine der großen Herausforderungen dieser und der nächsten Generationen dar. Ausgehend von den daraus resultierenden wachsenden politischen Anforderungen ist die Verringerung des CO_2-Ausstoßes eines der vorrangigen Ziele. Dem Gebäudebereich, auf den 20 % der CO_2-Emissionen entfallen, kommt dabei eine Schlüsselrolle zu.

• Normen im Baubereich müssen zukunftsorientiert überprüft werden.

Professionalisierung und Ökonomisierung der Wohnungswirtschaft

Unternehmen

• Die Wohnungs- und Immobilienwirtschaft wird durch den wachsenden Einfluss der internationalen Kapitalmärkte zunehmend zum Gegenstand globaler Anlagestrategien. Im Interesse der Wettbewerbsfähigkeit des Standortes werden nationale, institutionelle und steuerliche Regelungen mehr und mehr nach internationalen Standards vereinheitlicht. Auf europäischer Ebene werden harmonisierte Regelungen auf den mit den Wohnungs- und Immobilienmärkten eng verbundenen Bereichen wie Gesellschafts-, Steuer- und Beihilferecht durchgesetzt, die die Rahmenbedingungen für die Bewirtschaftung von Immobilien verändern.

• Die Wohnungs- und Immobilienwirtschaft muss sich weiterhin einem Prozess der Professionalisierung stellen. Methoden und Werkzeuge müssen hinsichtlich ihrer Eignung, zukunftsorientierte Entscheidungen zu treffen, neu beurteilt werden.

1.3 Resultierende Risiken aus den neuen Herausforderungen für die Wohnungswirtschaft

In den vorangegangenen beiden Abschnitten wurden die in *Teil B, Kapitel 1* beschriebenen Megatrends aufgegriffen und um die daraus resultierenden zukünftigen Herausforderungen für Gebäude und Standorte ergänzt. In diesem Abschnitt sollen die mit diesen Herausforderungen in Zusammenhang stehenden Risiken identifiziert werden.

Wie bereits in Teil C erläutert, sind die Risiken in der Wohnungs- und Immobilienwirtschaft bereits hinlänglich bekannt. Das Ziel dieser Arbeit ist es deshalb nicht, neue Risiken zu benennen, sondern die sich durch die Megatrends ändernden Einflussfaktoren zu identifizieren und sie den Risiken zuzuordnen, die im Zuge der sich verändernden Umwelt dadurch maßgeblich beeinflusst werden. Beispielsweise kann der prognostizierte Wandel der (Nutzungs-)anforderungen durch den demographischen Wandel als eine sich zukünftig verändernde Nachfragesituation am Markt für Wohnimmobilien interpretiert werden. In die bekannten Risikokategorien übersetzt, bedeutet dies ein Immobilienmarktrisikos (Marktänderungsrisiko). Noch deutlicher wird diese Kausalität am Beispiel des Klimawandels und den daraus resultierenden, häufiger auftretenden Extremwetterereignissen. Diese wirken sich durch z. B. Hagel, Starkregen oder Windböen direkt physisch auf Gebäude aus stellen damit ein Substanz- oder im Extremfall ein Großschadensrisiko dar. In Abbildung 11 wird versucht, den Zusammenhang zwischen den Megatrends und den verschiedenen Risiken darzustellen. Abbildung 11 zeigt auf der linken Seite die Megatrends. Die Pfeile markieren die resultierenden Risiken. Ein durchgezogener Pfeil bedeutet einen direkten Einfluss auf das zugeordnete Risiko und ein gestrichelter Pfeil bedeutet einen indi-

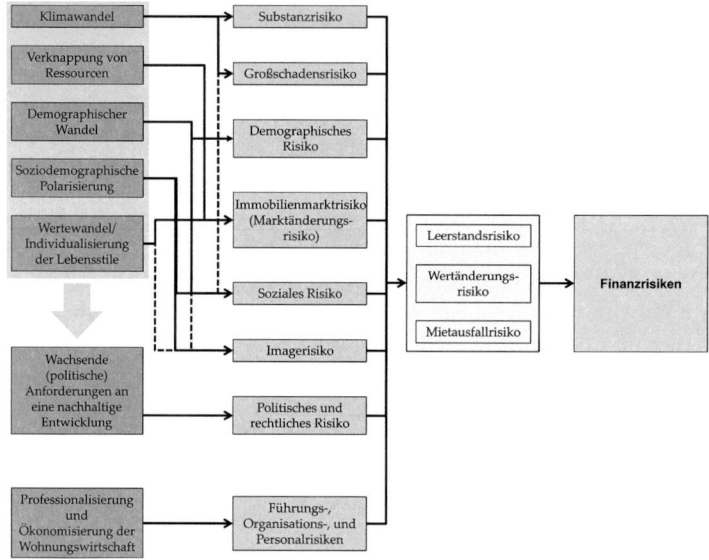

Abbildung 11: Übersetzung der Megatrends in Risiken
Quelle: Eigene Darstellung

rekten Einfluss. So hat z. B. der Wertewandel bzw. die Individuali-sierung der Lebensstile einen direkten Einfluss auf das Immobili-enmarktrisiko und einen indirekten auf das Imagerisiko.[231] Die in der zweiten Spalte gelisteten Risiken lassen sich fortschreiben in Leerstands-, Wertänderungs-, und Mietausfallrisiken. Diese wie-derum können unter dem Überbegriff Finanzrisiken zusammen-gefasst werden.

Durch die aufgezeigten kausalen Verknüpfungen soll primär die monetäre Relevanz der Megatrends für die Wohnungswirt-schaft aufgezeigt werden, d. h. die Megatrends müssen im Kon-text wohnungswirtschaftlichen Handelns als Risiko- bzw. als Chancentreiber verstanden werden; dementsprechend müssen Analyse-, Bewertungs-, und Entscheidungsprozesse dahinge-hend angepasst werden, die Auswirkungen der Megatrends zu berücksichtigen.

Nachdem die in Zusammenhang mit den Megatrends relevanten Risiken identifiziert werden konnten, soll nachfolgend eine kur-ze Definition dieser Risiken vorgenommen werden. Die Definition erfolgt in Anlehnung an die Arbeit von Urschel.[232]

1.3.1 Substanzrisiko

Das Gebäudesubstanzrisiko ist das Risiko physischer Schäden am Gebäude, die über das Maß der Schönheitsreparatur herausgehen. Hinzu kommt die sog. Obsoleszenz, also die Überalterung des Ge-bäudekonzeptes. Ursache können direkte Einwirkungen von au-

---

[231]Der Wertewandel beschreibt, bezogen auf die Wohnungswirtschaft, die sich verändernden Nutzeranforderungen an Wohnraum und ist damit direkt dem Immobilienmarktrisiko zu-zuordnen. Des Weiteren beschreibt der Wertewandel auch die sich ausdifferenzierenden Le-bensstile, d. h. das Image des Gebäudes und des Standortes rücken mehr in den Fokus.

[232]Vgl. Urschel 2010, S. 439 ff.

ßen durch z. B. Extremwetterereignisse sein, aber auch objektinterne Schäden wie Brand- oder Wasserschäden. Hinzu kommt die normale Alterung und Abnutzung der Gebäudesubstanz. Diese kann durch Wartung und Instandhaltung verlangsamt oder durch Umwelteinflüsse beschleunigt werden. Entscheidenden Einfluss hierauf hat die Qualität des Gebäudes. Der Zustand der Gebäudesubstanz entscheidet auch über die möglichen Mieteinnahmen (ggf. kann es auch zu Mietminderungen kommen) und über die Höhe der Bewirtschaftungskosten.

1.3.2 Großschadensereignisse

Unter dem Begriff Großschadensereignisse werden alle das Grundstück beeinträchtigenden negativen Ereignisse zusammengefasst, die nur sporadisch und zufällig auftreten. Dies sind vor allem Naturkatastrophen wie Hochwasser, Sturm oder Hagel, aber auch Unfälle und Katastrophen, Kriminalität, innere Unruhen oder kriegerische Auseinandersetzungen. Es schließt auch die Gefahr des zufälligen Untergangs des Objektes ein. Das Risiko von Großschadensereignissen muss jeweils im Einzelfall geprüft werden.

1.3.3 Demographisches Risiko

Das Risiko der demographischen Entwicklung ist das Risiko von Veränderungen in der Bevölkerung. Dies ist zunächst die Veränderung der Einwohnerzahl. Aber auch andere Merkmale wie die Anzahl der Haushalte bzw. die Haushaltsgröße, Altersverteilung, Ausbildung, Berufstätigkeit, Kinder und Migrationshintergrund spielen aus Sicht der Wohnungs- und Immobilienwirtschaft eine große Rolle. Einige dieser Indikatoren hängen direkt mit der wirtschaftlichen Entwicklung zusammen (z. B. die Berufstätigkeit), andere werden mittelfristig von ihr beeinflusst. Ferner versucht die Politik, mit diversen Steuerungsinstrumenten Einfluss zu nehmen. Das demographische Risiko kann auch als Bestandteil des Immobilienmarktrisikos verstanden werden.

1.3.4 Immobilienmarktrisiko (Marktänderungsrisiko)

Das Immobilienmarktrisiko bezeichnet das Risiko durch Änderungen auf dem relevanten Immobilien-Teilmarkt. Unterscheidungskriterien sind dabei unter anderem die Region, die Nutzungsart, ob Kauf oder Miete, Neubau oder Bestand. Änderungen ergeben sich durch eine Veränderung auf der Nachfrage- oder der Angebotsseite, die die Fläche oder die Qualität der Flächen betreffen kann. Das Immobilienmarktrisiko ist eines der zentralen Risiken in der Immobilienwirtschaft, da die Entwicklung der Mieteinnahmen und des Wertes der Objekte maßgeblich davon beeinflusst wird. Wesentliche Einflussfaktoren auf die Immobilienmärkte sind wirtschaftliche und soziodemographische Entwicklungen, politische, steuerliche und juristische Rahmenbedingungen sowie der Standort.

1.3.5 Soziales Risiko

Das soziale Risiko umfasst Risiken, die ihre Ursache in der Sozialstruktur der Bewohner am Standort haben. Zu den Ursachen sozialer Risiken zählen u. a. hohe Arbeitslosigkeit, geringer Bildungsstand, Segregationsrisiken,[233] Gewalt und (Klein-) Krimina-

---

[233]Der Begriff Segregation bezeichnet das Ausmaß der Ungleichverteilung von bestimmten Gruppen im Raum. Eigenschaftsträger (z. B. Migranten), die sich durch bestimmte Merk-

lität. Die Folge sind Auswirkungen auf die Betriebskosten (z.B. die Beseitigung von Vandalismusschäden) und auf die Mieteinnahmen (z.B. durch Mietrückstände).

1.3.6 Imagerisiko

Das Image eines Standorts bzw. eines Gebäudes ergibt sich durch sehr vielfältige Einflussparameter. Zu nennen wäre beispielsweise die Qualität der Bebauung und des Standorts, die infrastrukturelle Situation des Umfeldes usw. Da Image ein sehr durch Emotionalität geprägter Begriff ist, wirken sich unterschiedliche Einflussfaktoren in positiver Ausprägung nicht automatisch positiv auf das Image aus. Beispielsweise führt eine hohe Qualität der Bebauung nicht automatisch zu einem positiven Image. Das Image eines (Mikro)Standorts steht in starker Wechselwirkung mit soziodemographischen, -kulturellen und -ökonomischen Prozessen. Ferner sind die Individualisierung der Lebensstile und der Wertewandel in der Gesellschaft die wichtigsten Treiber für die Entstehung eines spezifischen Images.

1.3.7 Politische-/rechtliche Risiken

Der Begriff der politischen und rechtlichen Rahmenbedingungen beschreibt den vom Staat gesetzten Handlungsrahmen. Dies sind zunächst grundlegende Dinge wie die politische Ordnung, die Steuerbelastung, die Themen Bürokratie und Verwaltung sowie

---

male (z. B. ethnische Herkunft) von der Restmenge dieser Eigenschaftsträger (z.B. Bevölkerung) unterscheidet, verteilen sich ungleichmäßig über die Teilgebiete eines Raumes. Als Zustandsmaß für diesen Vorgang dient die Segregation. Eine stark segregierte Gruppe wäre demnach eine Gruppe, die in einzelnen/wenigen Teilräumen hoch konzentriert wohnt/sich aufhält/sich bildet/sich versorgt, während die Bevölkerungsmehrheit die übrigen Teilräume dominiert. (Vgl. Braun/Müller 1979, S. 239 ff)

die Gestaltung der Rechtsordnung sowie die sich aus Veränderungen derselben ergebenden Risiken z. B. durch zusätzliche Auflagen. Des Weiteren sind hierunter auch speziell für die Immobilienbranche relevante Ordnungs- und Anreizinstrumente zu verstehen, unter anderem steuerliche Regelungen für Unternehmen der Wohnungs- und Immobilienwirtschaft, Subventionen oder Bauvorschriften.

1.3.8 Führungs-, Organisations- und Personalrisiken

Führungs- und Organisationsrisiken umfassen diejenigen Risiken, die in der Geschäftsleitung eines Unternehmens begründet sind. Diese betreffen insbesondere die Bereiche Unternehmensstrategie, Management, Organisation, Unternehmenskultur, Unternehmensimage, Mitarbeitermotivation sowie Risiken aus der Geschäftstätigkeit und der Auswahl der Geschäftspartner. Die Qualität der Unternehmensführung bestimmt in entscheidendem Maße über den Erfolg der Geschäftätigkeit und damit der einzelnen Gebäude. So werden die Höhe der Mieteinnahmen sowie der (nicht umlegbaren) Bewirtschaftungskosten ebenfalls von der Qualität der Unternehmensführung mit beeinflusst.

Der Begriff Personalrisiken fasst die Risiken zusammen, die in der Sphäre der Mitarbeiter und des Personalwesens eines Unternehmens entstehen. Auf Ebene der einzelnen Mitarbeiter sind dies Risiken in Zusammenhang mit Leistungsbereitschaft und -fähigkeit, aber auch Risiken die durch Fehler und individuelles Versagen entstehen können. Da die Verfügbarkeit qualifizierter Mitarbeiter für den Unternehmenserfolg unerlässlich ist, wirken sich Personalrisiken ebenfalls auf den Erfolg der einzelnen Gebäude aus. Weiterhin beeinflussen sie die Finanzlage des Unternehmens und können ggf. rechtliche Probleme verursachen.

1.4 Ableitung von risikobestimmenden Eigenschaften und Merkmalen

Durch die Identifizierung der aus den Megatrends resultierenden Herausforderungen für die Wohnungswirtschaft konnten die in diesem Zusammenhang entstehenden Risiken identifiziert werden und den in der wohnungs- und immobilienwirtschaftlichen Theorie etablieten Risikobezeichnungen zugeordnet werden.

Parallel zur Bestimmung der relevanten Risiken müssen diejenigen Eigenschaften und Merkmale eines Gebäudes, Standorts und eines Unternehmens abgeleitet werden, die die Angepasstheit an die zuvor beschriebenen Herausforderungen beschreiben. Mithilfe dieser Eigenschaften und Merkmale und den in einem weiteren Schritt daraus abgeleiteten Indikatoren kann unter Verwendung eines Bewertungsverfahrens eine Aussage über die Ausprägung eines Risikos getroffen werden. In Abbildung 12 ist die bisherige Vorgehensweise noch einmal zusammengefasst.

Die Ableitung der Eigenschaften und Merkmale erfolgt logisch anhand der beschriebenen Megatrends und der daraus resultierenden zukünftigen Anforderungen an Gebäude, Standort und Unternehmen. In der überwiegenden Zahl der Fälle ist die Ableitung von einer Herausforderung zu einem Merkmal oder einer Eigenschaft eines Gebäudes, Standorts oder Unternehmens sehr einfach nachvollziehbar. Mittels folgendem Beispiel soll dies verdeutlicht werden:

Herausforderung: *Der energetische Standard der Wohnung wird vor allem auf entspannten Märkten zu einem wichtigen Nachfragekriterium.*   **Eigenschaft / Merkmal:** *Energieeffizienz des Gebäudes*

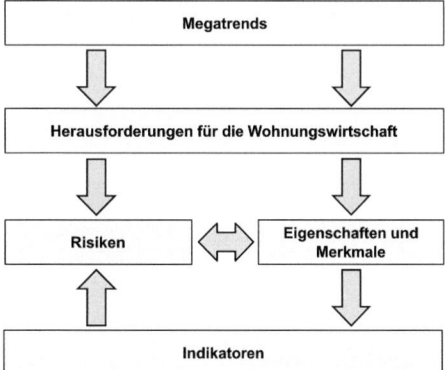

Abbildung 12: Aus den Megatrends resultierende Risiken und Eigenschaften und Merkmale
Quelle: Eigene Darstellung

Analog zu der im Beispiel verdeutlichten Vorgehensweise können die in Teil D, Abschnitt 1.2.8 Zusammenfassung und Systematisierung beschriebenen Herausforderungen in Eigenschaften und Merkmale abgeleitet werden.

Die abgeleiteten Eigenschaften und Merkmale werden in Abbildung 13 im Sinne einer späteren, praxisgerechten Operationalisierung zusammengefasst dargestellt. Die Abbildung zeigt außerdem die Zuordnung der abgeleiteten Eigenschaften und Merkmale zu den jeweiligen Megatrends aus denen die Herausforderungen resultieren. Mithilfe der Abbildung 13 wird verdeutlicht, dass sich aus unterschiedlichen Herausforderungen der Megatrends identische Eigenschaften und Merkmale ableiten lassen. Beispielsweise resultieren aus dem Demographischen Wandel erhöhte Anforderungen an Funktionalität bzw. an die Anpassbarkeit an den Nutzerbedarf. Die gleichen Eigenschaften lassen sich auch aus der

	Klimawandel	Verknappung von Ressourcen	Demographischer Wandel	Soziodemographische Polarisierung	Wertewandel / Individualisierung der Lebensstile	Wachsende (politische) Anforderungen an eine nachhaltige Entwicklung	Professionalisierung und Ökonomisierung der Wohnungswirtschaft
Objekt							
Langlebigkeit / Angepasstheit an geplante Nutzungsdauer			●				●
Widerstandsfähigkeit gegenüber Sturm, Hagel, Erdbeben, Hochwasser u.a.	●						
Instandhaltungs- /Wartungsfreundlichkeit							●
Energieeffizienz, Verringerung von Trinkwasserbedarf und Abwasser		●				●	●
Umweltfreundliche und gesundheitsgerechte Bauprodukte						●	●
Thermische, akustische und visuelle Behaglichkeit	●					●	
Rückbaubarkeit / Recyclingfreundlichkeit		●	●			●	
Funktionalität / Anpassbarkeit an den Nutzerbedarf			●	●	●		●
Standort							
Städtebauliche und gestalterische Aspekte	●		●	●	●		
Infrastrukturelle Aspekte			●	●	●		
Sonstiges							
Qualifikation der handelnden Akteure							●

Abbildung 13: Megatrends – Eigenschaften und Merkmale Matrix
Quelle: Eigene Darstellung

soziodemographischen Polarisierung oder aus dem Wertewandel bzw. der Individualisierung der Lebensstile ableiten.

Parallel zur Ableitung der Eigenschaften und Merkmale aus den Herausforderungen der Megatrends soll noch einmal die Risikorelevanz derselben herausgestellt werden. In nachfolgender Abbildung 14 sind die im *Abschnitt 1.3* identifizierten Risiken den im Vorangegangenen abgeleiteten Eigenschaften und Merkmale zugeordnet. Nachfolgend werden die identifizierten Eigenschaften und Merkmale kurz beschrieben. Der Zusammenhang mit den Risiken wird erläutert. Des Weiteren werden Indikatoren für die einzelnen Eigenschaften und Merkmale eingeführt.

1.4.1 Langlebigkeit / Angepasstheit an die geplante Nutzungsdauer

Die Langlebigkeit bzw. die Angepasstheit an die geplante Nutzungsdauer beschreibt zum einen die Dauerhaftigkeit der Gebäudestruktur und die Angepasstheit der Lebensdauer eines Gebäudes an die spezifische Nutzungsart; d. h. die Langlebigkeit eines Gebäudes sollte nicht pauschal als positives Attribut betrachtet werden, sondern in Abhängigkeit von der geplanten Nutzungsdauer. Beispielsweise ist die Langlebigkeit eines Wohngebäudes in einer Wachstumsregion eine Eigenschaft, die im Hinblick auf die Zukunftsfähigkeit des Gebäudes positiv zu bewerten ist. Die Langlebigkeit bzw. die Angepasstheit an die geplante Nutzungsdauer ist ein Aspekt des Substanzrisikos. Indikatoren für die Langlebigkeit und damit auch für das Substanzrisiko sind u. a. die Qualität der verwendeten Materialien sowie die Verarbeitungsqualität.

Objekt	Substanzrisiko	Großschadensrisiko	Demographisches Risiko	Immobilienmarktrisiko (Marktänderungsrisiko)	Soziales Risiko	Imagerisiko	Politisches und rechtliches Risiko	Führungs-, Organisations-, und Personalrisiken
Langlebigkeit / Angepasstheit an geplante Nutzungsdauer	●							
Widerstandsfähigkeit gegenüber Sturm, Hagel, Erdbeben, Hochwasser u.a.	●	●						
Instandhaltungs- /Wartungsfreundlichkeit	●							
Energieeffizienz, Verringerung von Trinkwasserbedarf und Abwasser				●			●	
Umweltfreundliche und gesundheitsgerechte Bauprodukte				●		●	●	
Thermische, akustische und visuelle Behaglichkeit				●			●	
Rückbaubarkeit / Recyclingfreundlichkeit							●	
Funktionalität / Anpassbarkeit an den Nutzerbedarf			●	●		●		
Standort								
Städtebauliche und gestalterische Aspekte				●	●	●		
Infrastrukturelle Aspekte				●	●			
Sonstiges								
Qualifikation der handelnden Akteure								●

Abbildung 14: Risiken – Eigenschaften und Merkmale Matrix
Quelle: Eigene Darstellung

1.4.2 Widerstandsfähigkeit gegenüber Sturm, Hagel, Hochwasser u.a.

Die Widerstandsfähigkeit gegenüber Wetterextremen sowie weiteren Gefahren wie z. B. Erdbeben umfasst alle Gefahren für die Gebäudesubstanz, die ihren Ursprung in der ökologischen Umwelt haben. Zu nennen sind in diesem Zusammenhang vor allem Sturm, Starkregen, Hagel, Schnee, Erdbeben, Erdrutsche, Erdsenkungen, Überschwemmungen und Lawinen. Die Risiken, die u. a. durch die Widerstandsfähigkeit determiniert werden, sind das Substanzrisiko und im schlimmsten Fall auch das Großschadensrisiko. Die Widerstandsfähigkeit gegenüber Umweltgefahren wird in erster Linie durch die Qualität der Gebäudehülle bestimmt. Im Einzelnen sind insbesondere die Qualität der Dachkonstruktion, der Fassade und der Bauwerksabdichtung zu nennen.

1.4.3 Instandhaltungs-/ Wartungsfreundlichkeit

Die Instandhaltungs- bzw. Wartungsfreundlichkeit umfasst die Qualität der Instandhaltung und Wartung von technischen Systemen, Bauelementen, Geräten und Betriebsmittel. Es soll sichergestellt werden, dass die Prozesse zur Erhaltung bzw. Wiederherstellung des funktionsfähigen Zustandes kostengünstig und zeitsparend ausgeführt werden können. Das relevante Risiko in diesem Zusammenhang ist das Substanzrisiko. Mögliche Indikatoren sind die anfallenden Instandhaltungs- und Wartungskosten.

1.4.4 Energieeffizienz, Verringerung von Trinkwasserbedarf und Abwasser

Die Energieeffizienz ist das Maß für die Ausnutzung der eingesetzten Energie. Im Bereich von Wohngebäuden spielt die Energieeffizienz eine herausragende Rolle wie diverse Regelwerke, wie beispielsweise die Energieeinsparverordnung belegen. Der Begriff Energieeffizienz umfasst im Bereich von Wohngebäuden alle Maßnahmen, die die Reduzierung der Menge der verbrauchten Energie betreffen. Ebenfalls von Bedeutung im Kontext von Ressourceneinsparungen ist die Verringerung von Trinkwasser und Abwasser. Die Energieeffizienz ist ein Aspekt des Immobilienmarktrisikos, da sich durch steigende Energie- und Wasser-Abwasserpreise die Nachfrage nach energieeffizienten Wohnungen erhöht. Des Weiteren ist sie ein Aspekt des politischen und rechtlichen Risikos, da die politischen Anforderungen an Gebäude zukünftig weiter erhöht werden.[234] Indikatoren für die Energieeffizienz lassen sich zum einen aus dem Energieausweis in Form von Verbrauchs- oder Bedarfskennwerten entnehmen und zum anderen können sie anhand von konstruktiven Merkmalen wie z. B. einem Wärmedämmverbundsystem bestimmt werden. Der Wasserverbrauch kann der Nebenkostenabrechnung entnommen werden oder es können Installationen wie z. B. Wassersparamaturen betrachtet werden.

1.4.5 Umweltfreundliche und gesundheitsgerechte Bauprodukte

Das Merkmal umweltfreundliche und gesundheitsgerechte Bauprodukte beschreibt die Verwendung oder das Vorhandensein von

---

[234]Vgl. Umweltbundesamt 2007.

schadstoffarmen, gesundheitlich unbedenklichen und umweltverträglichen Baustoffen. Die Nutzung umweltfreundlicher und gesundheitsgerechter Bauprodukte ist ein Aspekt des Immobilienmarktrisikos, des Imagerisikos und des politischen und rechtlichen Risikos. Das Immobilienmarktrisiko wird insofern beeinflusst, als dass in Verbindung mit dem fortschreitenden Wertewandel in der Gesellschaft die Wahrnehmung der Verantwortung gegenüber Umwelt und Gesellschaft zunehmend an Bedeutung gewinnt[235] und somit auch bei der Wahl der Wohnung eine Rolle spielt. Ebenfalls in diesem Zusammenhang steht das Imagerisiko. Angesichts einer wachsenden Ausrichtung der Lebensweise auf Gesundheit und Nachhaltigkeit spielt die Umweltverträglichkeit und Gesundheitsgerechtigkeit des eigenen Wohnraumes durchaus eine wichtige Rolle.[236] Das politische und rechtliche Risiko wird insofern tangiert, als dass Normen und Richtlinien existieren, die Mindestanforderungen an Bauprodukte festlegen.[237] Indikatoren für die Umweltfreundlichkeit und Gesundheitsgerechtheit können Umweltzeichen für Bauprodukte sein.[238]

1.4.6 Thermische, akustische und visuelle Behaglichkeit

Mit diesem Merkmal werden sämtliche Aspekte der Behaglichkeit zusammengefasst. Hierzu zählen die thermische Behaglichkeit (operative Temperatur, Zugluft, Strahlungstemperaturasymmetrien, Fußbodentemperaturen, relative Luftfeuchte)[239] sowie die akustische Behaglichkeit (wenig Stör- und Fremdgeräusche) und die visuelle Behaglichkeit (Aspekte der Lichtverteilung, Lichtfarbe und Lichtintensität). In Verbindung mit dem Klimawandel

---

[235]Vgl. Teil B, Kapitel 1, Die sich verändernde Umwelt – Megatrends
[236]Vgl. Kirig/Rauch/Dr. Wenzel.
[237]Vgl. Bundesministerium der Justiz.
[238]Vgl. APUG NRW Oktober 2004.
[239]Vgl. BMVBS 2009b.

und dem damit verbundenen Temperaturanstieg ist vor allem der sommerliche Wärmeschutz und daher die thermische Behaglichkeit von Bedeutung. Gerade in Dachgeschosswohnungen ist dieses Merkmal als ein Aspekt des Immobilienmarktrisikos zu betrachten, da die zukünftige Vermiet- und Vermarktbarkeit immer stärker davon beeinflusst wird. Das politische und rechtliche Risiko wird von diesen Merkmalen und Eigenschaften ebenfalls mit bestimmt, da die Anforderungen in diesem Bereich ständig erweitert werden. Beispielsweise existieren im Bereich der akustischen Behaglichkeit umfangreiche Regelwerke die Mindestanforderungen an Wohnraum definieren.[240] Indikatoren für diese Eigenschaften und Merkmale können entweder performancebasierte Beschreibungen sein (z.B. Temperatur, Luftfeuchte, ...) oder merkmalsbasierte Beschreibungen (z.B. das Vorhandensein von Schallschutzmaßnahmen).

1.4.7 Rückbaubarkeit / Recyclingfreundlichkeit

Von hoher Bedeutung für die Rückbaubarkeit und Recyclingfreundlichkeit eines Gebäudes ist neben der Verwendung von Materialien, die möglichst in den Stoffkreislauf rückführbar sind, die Möglichkeit eines sortenreinen Rückbaus und der Gewinnung von hochwertigem Recyclingmaterial aus dem betrachteten Gebäude. Die Recyclingfreundlichkeit ist ein wichtiger Aspekt des politischen und rechtlichen Risikos. Die Beseitigung von Abfällen ist strengen gesetzlichen Regelungen unterworfen; ökologisch problematische Abfälle führen unter Umständen zu hohen Kosten.[241] Indikatoren für dieses Merkmal sind vor allem merkmalsbasiert (Art und Menge der zu recycelnden Baumaterialien).

---

[240]Vgl. Verein deutscher Ingenieure August 2007.
[241]Vgl. Bundesministerium der Justiz.

1.4.8 Funktionalität / Anpassbarkeit an den Nutzerbedarf

Das Merkmal beinhaltet im Wesentlichen die Aspekte Altengerechtheit, Flächeneffizienz, Anpassbarkeit und Zugänglichkeit. Der Schwerpunkt hierbei liegt auf der Anpassbarkeit eines Gebäudes. Die Anpassbarkeit ist hinsichtlich der Abbildung von Risiken ein zentraler Aspekt. Durch die Anpassbarkeit kann das demographische Risiko (altengerecht), das Immobilienmarktrisiko (verändernde Nachfragesituation) sowie das Imagerisiko (verändernde Lebensstile, neue Wohnformen) determiniert werden. Mögliche Indikatoren für dieses Merkmal sind eher merkmalsbasiert und erfordern eine genaue Betrachtung und Bewertung der Baukonstruktion.

1.4.9 Qualifikation der handelnden Akteure

Die Qualifikation der handelnden Akteure leitet sich maßgeblich aus der fortschreitenden Professionalisierung und Ökonomisierung in der Wohnungswirtschaft ab. Durch die immer komplexer werdenden Prozesse werden auch die Anforderungen an die handelnden Akteure immer höher. Dies betrifft sowohl die Entscheider innerhalb der Wohnungsunternehmen als auch diejenigen, die Gebäudebestände verwalten. Die Qualifikation liefert somit einen Hinweis auf das Führungs-, Organisations-, und Personalrisiko. Als Indikator eignen sich verschiedene Formen von Qualifikationsnachweisen.

1.4.10 Städtebauliche und gestalterische Aspekte

Städtebauliche Aspekte sind in Verbindung mit dem sommerlichen Wärmeschutz zu bewerten. Ebenfalls ein wichtiges Merkmal sind gestalterische Aspekte des Wohnumfeldes. Durch den Wertewandel und die Individualisierung der Lebensstile steigen die Ansprüche an öffentliche Räume. Die Risiken in Zusammenhang mit diesen Merkmalen sind das Immobilienmarktrisiko und das Imagerisiko. Ein Indikator für den sommerlichen Wärmeschutz ist das Vorhandensein ausreichender Grünflächen. Gestalterische Aspekte von öffentlichen Räumen sind schwer mit Indikatoren zu versehen. Gegebenenfalls kann in so einem Fall die Akzeptanz öffentlicher Räume mittels Befragungen ermittelt werden.

1.4.11 Infrastrukturelle Aspekte

Die infrastrukturellen Aspekte müssen in Zusammenhang mit sich ändernden Anforderungen der Bevölkerung betrachtet werden. Eine älter werdende Gesellschaft benötigt z. B. spezialisierte wohnungsnahe Dienstleistungen aus dem Pflegebereich. Generell müssen infrastrukturelle Einrichtungen vor dem Hintergrund der spezifischen Bedürfnisse der ansässigen Bewohner betrachtet werden. Die Risiken in diesem Zusammenhang sind Immobilienmarktrisiken und soziale Risiken. Indikatoren hierfür sind Art und Anzahl der infrastrukturellen Angebote.

1.5 Ableitung von Indikatoren

In nachfolgender Tabelle sind die im vorangegangenen Kapitel beschriebenen Eigenschaften und Merkmale aufgelistet. Mögliche

Indikatoren sind ihnen zugeordnet. Bei der Auswahl der Indikatoren müssen über die Eigenschaften und Merkmale hinaus auch weitere Einflussfaktoren betrachtet werden. Diese können sowohl externe als auch interne Einflussfaktoren sein. Als externe Einflussfaktoren werden alle Einflüsse der Umwelt bezeichnet, d. h. sowohl die wirtschaftlichen, technischen, gesellschaftlichen, politischen als auch die der natürlichen Umwelt. Interne Einflussfaktoren sind in diesem Zusammenhang im Bereich des Gebäudes und des handelnden Unternehmens zu finden. Ein typisches Beispiel hierfür ist das Alter bzw. die Restnutzungsdauer des Gebäudes.

Eigenschaften und Merkmale	Mögliche Indikatoren	Zu berücksichtigende Parameter
Langlebigkeit, bzw. Angepasstheit an die geplante Nutzungsdauer	Art und Qualität der verwendeten Materialien und Verarbeitungsweisen	Alter des Gebäudes, Umwelteinflüsse am Standort
Widerstandsfähigkeit gegenüber Sturm, Hagel, Erdbeben, Hochwasser, u.a.	Art und Qualität der Gebäudehülle, insbesondere der Dachkonstruktion. Abdichtung und Standfestigkeit der Konstruktion	Wahrscheinlichkeit von Wetterextremen und Naturkatastrophen am Standort
Instandhaltungs- /Wartungsfreundlichkeit	Zugänglichkeit und Bedienbarkeit der technischen Anlagen, das Vorhandensein eines Nutzerhandbuches, eventuell die anfallenden Instandhaltungs- und Wartungskosten	Alter der technischen Anlagen, Art und Zweck der technischen Anlagen
Energieeffizienz, Verringerung von Trinkwasserbedarf und Abwasser	Verbrauchs- oder Bedarfskennwerte aus dem Energieausweis, konstruktive Merkmale (WDVS), gemessener Wasserverbrauch, Wasserspararmaturen	Klimatische Bedingungen am Standort
Umweltfreundliche und gesundheitsgerechte Bauprodukte	Verwendete Bauprodukte, Produktdeklarationen	Mieterstruktur
Thermische, akustische und visuelle Behaglichkeit	Thermischer Komfort im Winter und im Sommer (Temperatur, Zugluft, Luftfeuchte und Strahlungstemperatur-asymmetrie), Akustischer Komfort (Schallschutz), visuelle Behaglichkeit (Tageslichtverfügbarkeit, Sichtverbindungen)	Klimatische Bedingungen am Standort, Lärmbelastung am Standort, Sichtbeziehungen
Rückbaubarkeit/ Recyclingfreundlichkeit	Recyclingfähigkeit und Trennbarkeit der Baustoffe, Schadstoffanteile	Vorschriften und Gesetze am Standort, Spezifische Recyclingkosten

Eigenschaften und Merkmale	Mögliche Indikatoren	Zu berücksichtigende Parameter
Funktionalität/ Anpassbarkeit an den Nutzerbedarf	Modularität der Gebäudestruktur, Räumliche Struktur, Elektro- und Medienversorgung, Raumhöhe, Demontagemöglichkeiten von räumlich trennenden Elementen, flexible Gestaltung der Heizungs-, Wasserver- und Entsorgung	Mieterstruktur
Qualifikation der handelnden Akteure	Qualifikationsnachweise, Zertifizierungen, Referenzen	
Städtebauliche und gestalterische Aspekte	Anteil von Grünflächen, Zufriedenheit von Anwohnern mit der städtebaulichen Situation	Mieterstruktur am Standort (sozio-ökonomisch)
Infrastrukturelle Aspekte	Art und Anzahl von Infrastruktureinrichtungen	Mieterstruktur am Standort (Altersstruktur)

Tabelle 6: Eigenschaften und Merkmale – Indikatoren
Quelle: Eigene Darstellung

Die in der Tabelle aufgezeigten Indikatoren sind als Vorschläge zu betrachten. Durch die in dieser Arbeit dargelegt Vorgehensweise soll kein allgemeingültiger Indikatorensatz herausgearbeitet werden sondern es soll die Vorgehensweise zur Ableitung von Indikatoren unter Berücksichtigung der jeweils spezifischen externen und internen Einflussfaktoren aufgezeigt werden.

1.6 Zusammenfassung

In diesem ersten Kapitel des Teils D wurden, ausgehend von den bereits im vorangegangenen erläuterten Megatrends, diverse Studien untersucht, die die aus den Megatrends resultierenden zukünftigen Herausforderungen an die Wohnungswirtschaft identifizieren. Diesen Herausforderungen konnten zum einen die daraus entstehenden Risiken gegenübergestellt werden und zum anderen diejenigen Eigenschaften und Merkmale, mittels derer Ausprägung das jeweilige Risiko bestimmt wird. Im letzten Schritt wurde aufgezeigt, wie diese Eigenschaften und Merkmale durch entsprechende Indikatoren operationalisiert werden können.

2 Berücksichtigung von Wechselwirkungen zwischen Aspekten der Umwelt und des Gebäudes im Zeitverlauf

Bisherige, in der Praxis etablierte Vorgehensweisen zur Analyse und Bewertung von Risiken in der Immobilienwirtschaft differenzieren Risiken zumeist in eine Umweltdimenson (extern) und eine Objekt- oder allgemein formuliert eine Unternehmensdimension (intern).[242] Dabei repräsentiert die Umweltdimension potenzielle Chancen und Risiken der Entwicklung im jeweiligen Markt bzw. der jeweiligen Branche oder des Standorts die sich aus externen Umweltbedingungen ergeben und sich dem strategischen Einfluss des Unternehmens entziehen. Die Unternehmensdimension hingegen repräsentiert unternehmensinterne Stärken und Schwächen relativ zur Konkurrenz im jeweiligen Markt bzw. der jeweiligen Branche, die sich aus inhärenten Merkmalen der Produkte/Objekte des Unternehmens ergeben und von dem Unternehmen strategisch beeinflussbar sind.[243]

Bisher werden im Rahmen von qualitativen Risikobewertungsmethoden wie dem Scoring gebäudebezogene Eigenschaften, Merkmale und Indikatoren sowohl in Beispielen aus der Literatur[244] als

---

[242]Vgl. u.a. Wellner 2003, S. 158 ff, Lutz/Klaproth 2004, S. 13 ff und Schulte/Thomas 2007, S. 126 ff.

[243]Vgl. Becker/Fallgatter 2007, S. 96-98, Steinmann/Schreyögg 1991, S. 243 ff.

[244]Vgl. u.a. Wellner 2003, S. 200 ff, Maier 1999, S. 136.

auch in Beispielen aus der Praxis[245] nur in relativ einfacher Art und Weise beschrieben. Zur Aufstellung der Eigenschaften und Merkmale, die in der Literatur auch oftmals nur Kriterien genannt werden, wird beispielsweise empfohlen sie durch eine Gegenüberstellung mit den relevanten systematischen und unsystematischen Risiken zu identifizieren.[246]

In den vorangegangenen Kapiteln wurde beschrieben, wie risikorelevante Eigenschaften und Merkmale aus den Rahmenbedingungen einer sich verändernden Umwelt (Megatrends) und den daraus resultierenden Anforderungen an Gebäude abgeleitet werden können. Mittels dieser Eigenschaften und Merkmale bzw. den daraus gebildeten Indikatoren kann der Grad der Angepasstheit an zukünftige Anforderungen an Gebäude beschrieben werden. Die jeweilige, durch die Ausprägung der Indikatoren beschriebene Abweichung von den Anforderungen an Gebäude kann somit als Risiko verstanden werden.

Diese Vorgehensweise führt dazu, dass Objektrisiken sehr viel differenzierter als bisher betrachtet werden. Dies führt ebenfalls dazu, dass Risiken, die bei einer weniger stark objektfokussierten Vorgehensweise in einer anderen Dimension betrachtet werden würden, ebenfalls auf Ebene des Objektes betrachtet werden können. Ein Beispiel hierfür könnte folgendermaßen lauten:

Der demographische Wandel wird üblicherweise in der Dimension des Standort- und Marktrisikos betrachtet.[247] Bei der hier vorgeschlagenen Vorgehensweise, wäre die demographische Entwicklung nicht nur Risikoindikator sondern auch Informationsgrundlage für die Ausgestaltung der gebäudebezogenen Indikatoren; d. h. angenommen die demographische Entwicklung würde auf älter werdende Mieter hinweisen, so müssten die Indikatoren für die Messung des Objektrisikos u. a. die Anpas-

---

[245]Vgl. Schäfer et al. 2010, S. 113.
[246]Vgl. Lehner 2010, S. 95.
[247]Vgl. Urschel 2010, S. 386.

sungsfähigkeit des Gebäudes an die Bedürfnisse älter werdender Mieter darstellen.

Durch diese Vorgehensweise kann zum einen ein präzises Risikoprofil eines Gebäudes erstellt werden und zum anderen können Überschneidungen, die aus Wirkungszusammenhängen resultieren, gemindert werden. Voraussetzung für diese objektfokussierte Vorgehensweise ist die Verfügbarkeit von detaillierten, regional ausdifferenzierten Informationen zu verschiedenen Umweltbedingungen.

Neben den Vorteilen hinsichtlich der Bewertbarkeit von Risiken, ermöglicht die beschriebene Vorgehensweise auch, dass auf Risiken, die bis dahin als systematisch und damit als nicht beeinflussbar galten, mittels der Anpassbarkeit zumindest teilweise Einfluss genommen werden kann. Mittels des in Abbildung 15 illustrierten Beispiels, demographisches Risiko, kann dies folgendermaßen erläutert werden. Das demographische Risiko setzt sich aus den Komponenten Fertilität, Mortalität und Migration zusammen. Wie bereits in *Teil B, Abschnitt 1.1 demographischer Wandel* beschrieben wurde, sind bezüglich der Bevölkerungsentwicklung, insbesondere der Mortalität, gute Prognosen verfügbar. Das durch die Prognosen vermittelte Wissen kann verwendet werden, um Gebäude – beispielsweise hinsichtlich der Bedürfnisse älterer Menschen – anpassbar zu gestalten. Somit könnte ein ursprünglich als systematisch eingestuftes Risiko zumindest teilweise vermieden werden.

Diese Vorgehenswise kann auf andere systematische Risiken übbertragen werden. Grundsätzlich sollten die Risiken dahingehend überprüft werden, ob und inwieweit sie prognostizierbar sind. Anschließend kann untersucht werden, mittels welcher Eigenschaften und Merkmale des Gebäudes eine Anpassung an das identifizierte Risiko erfolgen kann.

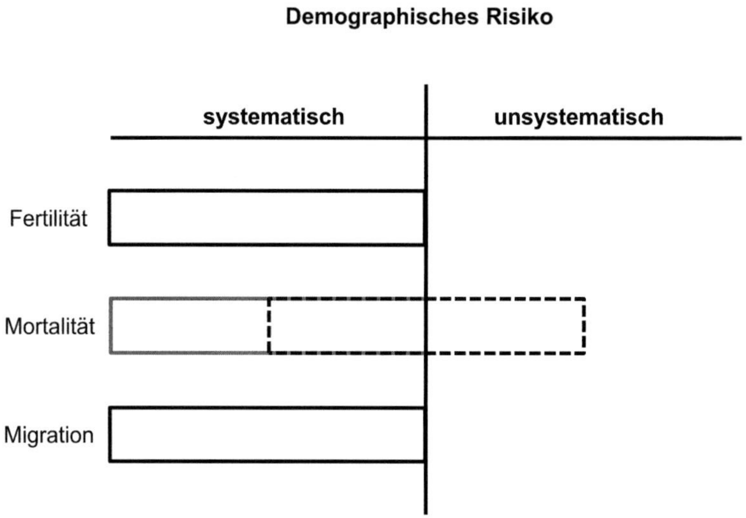

Demographisches Risiko

	systematisch	unsystematisch

Fertilität

Mortalität

Migration

Abbildung 15: Beeinflussbarkeit von Risiken – Beispiel demographisches Risiko
Quelle: Eigene Darstellung

2.1 Regionalisierung

Aus der Beschreibung der Megatrends kann abgelesen werden, dass diese zum einen regional ausdifferenziert und zum anderen mit unterschiedlicher zeitlicher Dynamik auftreten. Mithilfe neuer, in Praxis und Wissenschaft etablierter Geoinformationssysteme und Risikokarten lassen sich Umweltrisiken z. B. durch Extremwetterereignisse bis auf Straßenzüge genau prognostizieren.[248] Mithilfe dieser detaillierten, Regionalinformationen, die auch für andere Umweltbedingungen wie z. B. den demographischen Wandel verfügbar sind, lassen sich die Indikatoren zur Bewertung von Gebäuden entsprechend anpassen. Nachdem im vorangegangenen Kapitel erläutert wurde, welche Art von Indikatoren im Rahmen eines qualitativen Bewertungsverfahrens, wie des Scorings, zusätzlich berücksichtigt werden sollten, soll an dieser Stelle eine Aussage zur Gewichtung dieser Indikatoren gemacht werden. Durch die bereits einleitend erläuterte Vorgehensweise wird versucht, Umweltrisiken soweit wie möglich durch den Grad der Angepasstheit des Gebäudes als Objektrisiken zu bewerten. Durch die angestrebte Regionalisierung soll nun sichergestellt werden, dass dies an die spezifischen, jeweiligen Umweltrisiken unterschiedlicher Standorte angepasst geschieht, d.h. die beschriebenen Hilfsmittel wie Geoinformationssysteme und Risikokarten liefern Informationen zu Wahrscheinlichkeiten von Umwelteinflüssen an Mikrostandorten. Diese Informationen können genutzt werden, um die Gewichtungen der einzelnen Indikatoren innerhalb der Risikobewertungs-Methoden entsprechend anzupassen. Ein Beispiel für diesen Sachverhalt könnte folgendermaßen gebildet werden:

Ein Teil eines Wohnungsbestandes liegt an einer exponierten Hanglage. Die Analyse des Standortes mithilfe eines Geoinformationsystems belegt

---

[248]Vgl. Kottmeier 27.7.2010, S. 386.

eine starke Gefährdung der Dachkonstruktion durch Sturmböen. In diesem Fall müsste der Indikator Widerstandsfähigkeit der Gebäudehülle in Relation zu anderen, weniger wahrscheinlich auftretenden Risiken, stärker gewichtet werden.

Durch die im Beispiel beschriebene Vorgehensweise kann eine detaillierte, regional ausdifferenzierte Risikobewertung von Gebäuden und Gebäudebeständen erfolgen.

Bei dieser Vorgehensweise muss unterschieden werden in Risikobetrachtungen von Beständen und Risikobetrachtungen von Projektentwicklungen. Während bei Projektentwicklungen das prognostizierte Ereignis (im Fall von Extremwetter) als Risiko bewertet werden kann, muss bei existierenden Beständen, wie im vorangegangen Abschnitt bereits erläutert, der Grad der Angepasstheit der Gebäude an prognostizierte Risikoereignisse bewertet werden.

2.2 Dynamisierung

Ein weiterer Schwachpunkt der bisher üblichen Vorgehensweise bei qualitativen Risikobewertungsmethoden ist die rückwärtsgewandte Festlegung von Kriterien und Indikatoren.[249] Für die Auswahl der richtigen Kriterien wird bisher in der Literatur oftmals eine Regressionsanalyse empfohlen.[250] Ziel der Regressionsanalyse ist es, die Ausprägung einer abhängigen Variablen y aufgrund der Ausprägung einer unabhängigen Variablen x zu erkennen und zu beschreiben. Damit ermöglicht die Regressionsanalyse über die reine Beschreibung hinaus eine Prädiktion.[251] In der im-

---

[249]Vgl hierzu die Anforderungen an Methoden der Risikobewertung in Teil C, Kapitel 4.
[250]Vgl. Everling/Jahn/Kammermeier 2009, S. 237.
[251]Vgl. Haas 2010, S. 51.

mobilienwirtschaftlichen Praxis bedeutet dies, dass versucht wird, einen Zusammenhang zwischen Eigenschaften und Merkmalen des Gebäudes und wirtschaftlichen Erfolgsfaktoren herzustellen. Die Kritik an dieser Vorgehensweise zielt zum einen darauf ab, dass die Eigenschaften und Merkmale von einzelnen Gebäuden mehrheitlich nur sehr schlecht dokumentiert sind und damit nur in begrenztem Umfang Zusammenhänge abgeleitet werden können. Zum anderen unterstellt die Regressionsanalyse, dass sich Interdependenzen aus einer in der Vergangenheit befindlichen Zeitspanne in die Zukunft fortschreiben lassen. Änderungen im Bereich der Umwelt können also nicht berücksichtigt werden.

Die Betrachtung der Megatrends und der daraus resultierenden Anforderungen an Gebäude und Standorte hat gezeigt, dass die zukünftige Vermiet- und Vermarktbarkeit von Gebäuden in zunehmendem Maße von Entwicklungen in der wirtschaftlichen, technischen, gesellschaftlichen, politischen und natürlichen Umwelt abhängig ist; d. h. es ist aufgrund der nachgewiesenen Dynamik der Veränderungen in der Umwelt nur sehr eingeschränkt möglich, aus der Vergangenheit auf die Zukunft zu schließen.

Ein erster Schritt zur Überwindung der beschriebenen Schwierigkeiten wurde bereits durch die Vorgehensweise bei der Ableitung von Eigenschaften und Merkmalen aus den Megatrends beschrieben. Durch die Analyse von prognostizierbaren Entwicklungen konnten Anforderungen an Gebäude abgeleitet werden und in Eigenschaften, Merkmale und schließlich Indikatoren übersetzt werden. Durch diese Vorgehensweise wurde die Möglichkeit einer zukunftsorientierten Auswahl von Kriterien zur qualitativen Risikobewertung aufgezeigt.

Im vorangegangenen Abschnitt Regionalisierung wurde gezeigt, wie sich mithilfe von detaillierten Informationen bzgl. der Umwelteinflüsse am Mikrostandort die Gewichtungen innerhalb eines Bewertungsverfahrens anpassen lassen. Eine ähnliche Vorgehenswise kann vor dem Hintergrund der unterschiedlichen zeitlichen Dynamik der Megatrends angewendet werden. Ein Teil der Megatrends, wie z. B. Teilsaspekte des demographischen Wandels, sind sehr detailliert und regional ausdifferenziert prognostizierbar.[252] Damit können Bewertungsmethoden nicht nur an spezifische, regionale Besonderheiten angepasst werden, sondern in Abgleich mit der Zielsetzung des Unternehmens und der Restnutzungsdauer des Gebäudes auch an die zeitliche Dynamik eines Megatrends. In Erweiterung des Beispiels aus dem Abschnitt Objektfokussierung könnte ein Beispiel folgendermaßen aussehen:

Im Beispiel sei vorausgesetzt, dass die demographische Entwicklung auf älter werdende Mieter hinweist, somit müssten die Indikatoren für die Messung des Objektrisikos u. a. die Anpassungsfähigkeit des Gebäudes an die Bedürfnisse älter werdender Mieter darstellen. Angenommen eine Überprüfung des Mikrostandortes ergibt, dass die demographische Entwicklung im Stadtteil auf eine älter werdende Mieterschicht hinweist, somit könnte die Gewichtung der Anpassbarkeit in Relation zu anderen bewerteten Kriterien hochgewichtet werden. Ergibt nun eine Überprüfung der zeitlichen Dynamik, dass die Alterung der Mieterstruktur sehr schnell vor sich geht, kann unter Berücksichtigung der geplanten Restnutzungsdauer des Gebäudes die Hochgewichtung bestätigt werden. Ergibt die Prüfung der geplanten Restnutzungsdauer des Gebäudes allerdings eine Zeitspanne, in der die Änderung der Anforderungen aufgrund der Altersstruktur der Mieter nicht mehr zum Tragen kommt, so kann das Kriterium Anpassbarkeit ggf. heruntergewichtet werden.

Durch eine dynamische Betrachtungsweise lässt sich, wie im Beispiel gezeigt, einerseits die Detailschärfe einer Risikobetrachtung weiter verbessern und andererseits einen Beitrag leisten, Bewertungsverfahren zukunftsfähig zu machen. Neben, wie im Beispiel beschrieben, relativ genau prognostizierbaren Megatrends, sind andere in ihrer Entwicklung nur sehr eingeschränkt vorhersagbar.

---

[252]Vgl. Weber/Klingholz Juni 2009.

Ein typisches Beispiel ist die Verknappung von Ressourcen und die damit in Verbindung stehende Energiepreissteigerung. Diese Entwicklung ist sehr stark abhängig von ökonomischen und politischen Einflussfaktoren und damit sehr volatil. In so einem Fall kann eine Szenarioanalyse hilfreich sein.[253] Es könnten durch verschiedene Ausprägungen der Gewichtung verschiedene Risikoszenarien miteinander verglichen werden.

Ein weiterer Vorteil der hier beschriebenen Vorgehensweise ist, dass diese in Wechselwirkung mit den jeweiligen Zielsetzungen eines Unternehmens auch Anhaltspunkte für Entscheidungen über Revitalisierungsmaßnahmen liefern kann.

2.3 Zusammenfassung

Ausgehend von den Schwächen der bisherigen theoretischen Vorgehensweise zur Bewertung von Risiken, insbesondere der unzureichenden Berücksichtigung von regionalen Gegebenheiten und der rückwärtsgewandten Festlegung von Kriterien und Indikatoren, konnten Ansätze zur Weiterentwicklung aufgezeigt werden.

Die vorgeschlagene Vorgehensweise baut darauf auf, dass Risiken so weit wie möglich durch das zu betrachtende Gebäude abgebildet werden könnten. Dies kann z. B. bei Risiken im Bereich der Umwelt oftmals durch den Grad der Angepasstheit des Gebäudes an das jeweilige Umweltrisiko geschehen. In einem weiteren Schritt, der Regionalisierung, sollte deutlich gemacht werden, dass Gebäude immer im Kontext ihres jeweiligen Standorts und den sich daraus ergebenden spezifischen Standortrisiken betrachtet werden müssen. Des Weiteren wurde aufgezeigt, inwieweit

---

[253]Vgl. Teil C, Abschnitt 3.2.3 Szenarioanalyse

Wechselwirkungen zwischen Aspekten der Umwelt und Aspekten des Gebäudes im Zeitverlauf berücksichtigt werden können.

Durch den aufgezeigten, zukunftsgerichteten, regionalisierten und dynamisierten Ansatz zur theoretischen Weiterentwicklung der Betrachtungsweise von Risiken in Zusammenhang mit Gebäuden kann ein Beitrag geleistet werden, die Qualität von Risikobewertungsverfahren zu steigern.

3 Untersuchung von vorhandenen Hilfsmitteln zur Risikoanalyse – Inwieweit werden Nachhaltigkeitsaspekte aktuell in der Risikobewertung berücksichtigt?

Neben dem Aufzeigen des theoretischen Innovationspotenzials von qualitativen Verfahren zur Bewertung des gebäudebezogenen Risikos ist es notwendig, den Status quo von existierenden, in der Praxis angewendeter Verfahren zu erfassen und zu untersuchen. Zum einen soll untersucht werden, inwieweit ein bestehendes, konventionelles System bereits zukunftsgerichtete und damit nachhaltigkeitsrelevante Indikatoren abbildet und inwieweit eine Variation dieser Indikatoren das Gesamtergebnis beeinflusst. Zum anderen werden existierende Beispiele von Nachhaltigkeitsbewertungsverfahren vorgestellt und bewertet, um anschließend eine Abgrenzung zu Zertifizierungssystemen vorzunehmen.

3.1 VÖB-Immobilienanalyse

Im Rahmen der Neuregelung der Eigenkapitalvorschriften für Kreditinstitute (Basel II) haben sich in Deutschland eine Reihe von unterschiedlichen Analyseverfahren etabliert, um die Risiken aus einem Immobilienkredit zu bestimmen. Neben der Bestimmung von Kreditausfallrisiken, bei der die Qualität der Immobilie und die Bonität des Schuldners im Vordergrund stehen, spielen Instrumente zur Beurteilung des Risikoprofils von Immobilien u. a. auch bei Wirtschaftlichkeitsbetrachtungen von Projektentwicklungen und bei dem Portfoliomanagement von Immobilienbeständen eine Rolle. Ein derartiges System stellt die VÖB-Immobilienanalyse dar.

Der Bundesverband Öffentlicher Banken Deutschlands, VÖB, startete am 1. Juni 2006 die internetbasierte Software-Lösung „VÖB-Immobilienanalyse zur Beurteilung von Immobilien". Die VÖB-Immobilienanalyse ermöglicht anhand umfangreicher praxisgerechter Bewertungskriterien die Erstellung eines verbandseinheitlichen Standards zur Beurteilung des Chance-Risikoprofils einer einzelnen Immobilie.[254] Das Verfahren der VÖB wird im Kontext dieser Arbeit als Referenz für ein in der Praxis angewendetes Verfahren betrachtet.

3.1.1 Beschreibung

Die VÖB-Immobilienanalyse geht aus der Annahme hervor, dass eine rein auf den Beleihungswert ausgerichtete Betrachtung der Immobilie, im Falle des Ausfalls des Kreditnehmers, ambitionierten Ansprüchen und Forderungen nach transparenten und systematisch aufbereiteten, perspektivischen Chancen-Risikoprofilen im gewöhnlichen Geschäftsverkehr nicht immer gerecht werden kann. Daher wurde ein spezielles Analyseverfahren entwickelt, mit dem die Immobilie als Einzelobjekt oder als Teil eines Immobilienportfolios mit ihren unmittelbaren und mittelbaren Eigenschaften untersucht werden kann.[255] Betrachtet werden neben Merkmalen und Eigenschaften der Objektqualität auch Standort- und Marktfaktoren. Ziel der Analyse ist es, für verschiedene Objektarten die Ausprägungsgrade der Kriterien im Einzelnen so

---

[254]Vgl. VÖB September 2006, S. 13.
[255]Vgl. VÖB September 2006, S. 12.

konkret wie möglich auszuformulieren, sodass auch zwei unterschiedliche Experten, die zu demselben Objekt ein Gutachten erstellen, sachverständig und intersubjektiv nachvollziehbar zu einer identischen Chancen- und Risikobeurteilung gelangen.[256] Das Ergebnis der VÖB-Immobilienanalyse wird durch ein gewichtetes Gesamtergebnis in Form einer Endnote ausgedrückt. Eine Übersicht über die von der VÖB-Immobilienanalyse bewerteten Kriterien ist in folgender Tabelle 3.1.1 gegeben:

Markt

| National |
| Regional |

Standort

| Image/Ruf des Quartiers und der Adresse |
| Zentralität/Makrolage |
| Quartierqualität/Branchenzentralisierung/Stadtteillage |
| Adressenqualität/Repräsentanzwert |
| Eignung des Mikrostandortes für Objektart und Nutzerzielgruppe |
| Eignung des Mikrostandortes für Objektart und Nutzerzielgruppe |
| Qualität der Verkehrsanbindung von Grundstück und Quartier |
| Flughafen |
| Bahn |
| ÖPNV |
| Straßenanschluss |
| Parkplatzsituation |
| Geschäfte für den täglichen Bedarf, Dienstleistungen, soziale/medizinische Einrichtungen, Behörden |
| Kinderbetreuung und Schulen |
| Sonstige Infrastruktur (z. B. Kultur, Freizeit, Naherholung) |
| Höhere Gewalt |
| Naturkatastrophen (Überschwemmung, Lawinen, Sturm, Erdbeben, Erdsenkung, …) |
| Ökologische Altlasten (Mikrostandort – regionale Betrachtung) |
| Technische Katastrophen |
| Sicherheit des Standorts (Kriminalität, Drogenszene, Rotlichtmilieu, neuralgische Punkte) |
| Immissionen (Lärm-, Geruchs-, Strahlungsbelastung etc.), „Elektrosmog", Windkraft |

Objekt

| Architektur/Bauweise |
| Belichtung/Beschattung |

---

[256]Vgl. VÖB September 2006, S. 16.

Grundrissplanung/Funktionalität
Ausstattung
Gebäudetechnik/Sicherheitsausstattung
Innenausstattung
Baulicher Zustand
Alter/Baujahresklasse
Modernisierungszustand/Revitalisierung
Instandhaltungszustand
Grundstückssituation
Grundstückszuschnitt/Topografie
geologische Verhältnisse, archäologische Aspekte (Grundstück)
Bodenkontamination (Grundstück)
innere und äußere Erschließung
Außenanlage
Umweltverträglichkeit
Baumaterialien
Energiebilanz
Gebäudeemissionen (Wind, Blendwirkung)
Rentabilität des Gebäudekonzepts
Ausbauverhältnis (Wohnfläche/Bruttorauminhalt)
Betriebskosten (Euro pro Quadratmeter Bruttogrundfläche)
behördliche Auflaen (z. B. Baugenehmigung, Brandschutz, Denkmalschutz)

Qualität des Immobilien Cash-Flows
Mieter/Nutzersituation
Anzahl der Mieter, Mieterimage
Laufzeit und Struktur der Mietverträge
Miet-/Wertentwicklungspotenzial
Mietentwicklungspotenzial
Wertentwicklungspotenzial (Veränderung des Wiederverkaufspreises)
Vermietbarkeit/Konkurrenzsituation
Vermietbarkeit/Konkurrenzsituation
Leerstand/Vermietungsstand
Leerstand/Vermietungsstand
Umlagefähige und nicht umlagefähige Bewirtschaftungskosten
Niveau der Bewirtschaftungskosten in Relation zum Markt (inkl. Betriebskosten)
Umlagefähigkeit der Bewirtschaftungskosten inkl. Betriebskosten
Drittverwendungsfähigkeit
Drittverwendungsfähigkeit

Tabelle 7: VÖB-Kriterien Wohnen
Quelle: VÖB, 2006

3.1.2 Identifizieren von vorhandenen Nachhaltigkeitsaspekten

Der Kriterienkatalog der VÖB-Immobilienanalyse (Objektart Wohnungsbau) beinhaltet eine Reihe von Faktoren, die im Sinne einer nachhaltigkeitsorientierten Betrachtung des Chancen-Risikoprofils eines Gebäudes relevant sind:[257]

- Gebäudetechnik Sicherheitsausstattung

- Energiebilanz

- Drittverwendungsfähigkeit

- Innere und äußere Erschließung

- Baumaterialien

- Betriebskosten

- Niveau der Bewirtschaftungskosten in Relation zum Markt

- Alter / Baujahrsklasse

- Modernisierungszustand / Revitalisierung

- Grundrissplanung / Funktionalität

Im Rahmen des Forschungsvorhabens ImmoWert[258] wurde am Stiftungslehrstuhl für Ökonomie und Ökologie des Wohnungsbaus des Karlsruher Instituts für Technologie untersucht, inwie-

---

[257]Vgl. Teil D, Kapitel 1 Ableitung von nachhaltigkeitsbezogenen, risikorelevanten Eigenschaften, Merkmalen und Indikatoren zur Risikobewertung.
[258]Vgl. Schäfer et al. 2010, S. 109 ff.

weit sich eine Variation der nachhaltigkeitsrelevanten Kriterien auf das Gesamtergebnis der Betrachtung auswirkt. Untersucht wurden jeweils ein „sehr guter", ein „mittlerer" und ein „sehr schlechter" Fall. Da die regionale Lage der Immobilien einen bedeutenden Einfluss auf das Gesamtergebnis der Immobilie ausübt, wurden hier ebenfalls drei Fälle unterschieden, eine sehr gute, eine mittlere und eine sehr schlechte Marktlage. Bei den übrigen Bewertungskriterien wurden Werte entsprechend einer durchschnittlichen Immobilie angenommen.

In folgender Abbildung 16 wird der Zusammenhang zwischen Gesamtergebnis der Bewertung, Marktlage und Ausprägung der Nachhaltigkeitseigenschaften des Gebäudes detailliert dargestellt. Im Ergebnis zeigt die Untersuchung, dass die Variation von zu-

Mehrfamilienhaus (bis 4 Mietgeschosse)

Bewertung:

	1	2	3	4	5	6	7	8	9	10

sehr gute Marktlage (München)
sehr gutes Objekt		2,9						
mittleres Objekt			3,6					
sehr schlechtes Objekt				5,3				

mittlere Marktlage (Berchtesgaden)
sehr gutes Objekt			3,4					
mittleres Objekt				4,2				
sehr schlechtes Objekt					5,9			

sehr schlechte Marktlage (Stendal)
sehr gutes Objekt				4,3				
mittleres Objekt				5				
sehr schlechtes Objekt						6,7		

Abbildung 16: Ergebnisse verschiedener Marktlagen
Quelle: Kertes, 2007

vor festgelegten nachhaltigkeitsrelevanten Kriterien einen durchaus deutlichen Einfluss auf das Gesamtergebnis bzw. die Endnote der VÖB-Immobilienanalyse ausübt. Die unter Nachhaltigkeitsgesichtspunkten in die drei Stufen „sehr gut", „mittel" und „sehr schlecht" eingestuften Objekte unterscheiden sich jeweils in mindestens einer Notenstufe auf einer Skala von 1 bis 10.

Die Lage des Objektes im regionalen Markt spielt hierbei eine nicht unwesentliche Rolle. In der sehr guten Lage stellt sich auch ein im Sinne der Untersuchung nach Nachhaltigkeitsgesichtspunkten sehr schlecht eingestuftes Objekt nur um eine Notenstufe schlechter dar als ein Objekt mittlerer Beurteilung. Demgegenüber beträgt der Unterschied in einem mittleren oder sehr schlechten Marktumfeld stets zwei Notenpunkte. Folglich werden durch eine sehr gute Marktlage schlechte Eigenschaften des Objektes mehr kompensiert als dies in weniger gutem Umfeld möglich ist.

3.2 Beispiele am Markt verfügbarer Instrumente zur Beurteilung von Nachhaltigkeitsaspekten

Neben den etablierten Verfahren zur gebäudebezogenen Risikobewertung, wie zuvor am Beispiel der VÖB-Immobilienanalyse gezeigt, etablieren sich zunehmend neue, betriebswirtschaftlich orientierte Verfahren zur Bewertung der Nachhaltigkeit eines Gebäudes. Diese Verfahren sind nicht zu verwechseln mit Zertifizierungsverfahren, die ebenfalls die Nachhaltigkeit eines Gebäudes bewerten, aber mit einer anderen Schwerpunktsetzung und einer anderen Motivation. Auf die Abgrenzung zwischen Zertifizierungsverfahren und Risikobewertungsverfahren soll im nächsten Abschnitt eingegangen werden.

In diesem Abschnitt sollen bereits am Markt verfügbare, finanzwirtschaftlich orientierte Systeme zur Bewertung der Nachhaltigkeit von Gebäuden vorgestellt werden. Die im Folgenden dargestellten Systeme sind sehr heterogene Ansätze. Die grundlegenden Gemeinsamkeiten bestehen darin, dass es sich bei allen Systemen um qualitative Bewertungsverfahren handelt, die keine Kennzeichnung im Sinne eines Zertifikates anstreben. Die nachfolgenden „Steckbriefe" stellen nun bereits am Markt verfügbare Systeme zur Bewertung der Nachhaltigkeit von Gebäuden vor.

IMMO-RATE
Leitfaden für das Immobilienrating nachhaltiger Wohnbauten

Herausgeber:	Ergebnis eines Projektes des österreichischen Bundesministeriums für Verkehr, Innovation und Technologie in Kooperation mit der Forschungsförderungsgesellschaft mit dem Titel: Haus der Zukunft
Bewertungsmethode:	Rating
Gebäudekategorie:	Wohnen
Kurzbeschreibung:	Immo-Rate dient der Entwicklung von Argumentationshilfen und Tools für das Immobilienrating von innovativen Bauprojekten unter besonderer Berücksichtigung von Zielen, Konzepten und Technologien einer nachhaltigen Bauwirtschaft.
Kriteriengruppen:	
	• Markt
	• Standort
	• Objekt
	• Cashflow
	• Entwicklungspotential
Kommentar:	Das System Immo-Rate versucht sowohl ökologische, soziale und ökonomische Gesichtspunkte zu berücksichtigen.

Tabelle 8: IMMO-RATE
Quelle: Vgl. Lechner 2006

IPD Environmental Code	
Messung der ökologischen Performance von Gebäuden	
Herausgeber:	Investment Property Datenbank Limited
Bewertungsmethode:	Keine Bewertung, Kombination aus Dokumentenprüfung, physikalischen Messungen, Befragungen und Simulationen.
Gebäudekategorie:	Büro- und Verwaltungsgebäude, Einzelhandel und Einkaufscenter, Logistikimmobilien, Krankenhäuser, Flughäfen, Freizeitimmobilien, Hotels, Bildungseinrichtungen, Industriegebäude und Laboratorien.
Kurzbeschreibung:	Der Environment Code ist ein Katalog für die Erfassung, Messung und Analyse von Umweltverträglichkeitsdaten. Aufgrund der Verwendung allgemein gebräuchlicher Terminologie lässt er sich für Gebäude überall auf der Welt anwenden.
Kriteriengruppen:	
	• Energie
	• Wasser
	• Abfall
	• Verkehrsmittel und Verkehrsanbindung
	• Einrichtung und Geräte
	• Gesundheit und Wohlbefinden
	• Anpassung an den Klimawandel
Kommentar:	Der IPD Environmental Code versucht über die Erfassung verschiedener performanceorientierter Gebäudekennzahlen eine Art Basis für ein Gebäude-Benchmarking zu schaffen.

Tabelle 9: IPD Environmental Code
Quelle: Vgl. UNEP FI 2008

ESI Immobilienbewertung – Nachhaltigkeit inklusive

Der Nachhaltigkeit von Immobilien einen finanziellen Wert geben

Herausgeber:	CCRS, Center for Corporate Responsibility and Sustainability an der Universität Zürich
Bewertungsmethode:	Auf Basis eines Kataloges von gebäudebezogenen Nachhaltigkeitsfaktoren wird mittels eines Scoring-Verfahrens der sog. ESI-Faktor berechnet. Der ESI-Faktor wird anschließend bei der Immobilienbewertung mittels DCF-Methode als Zu- oder Abschlag auf den Diskontierungszinssatz berücksichtigt.
Gebäudekategorie:	Wohnen, Büro und Einzelhandel
Kurzbeschreibung:	ESI versucht, einen zukunftsorientierten Ansatz für den Einbezug der wertrelevanten Nachhaltigkeitsaspekte bei Immobilienbewertungen zu erstellen. Der sog. Economic Sustainability Indicator (ESI) misst das Risiko einer Immobilie, aufgrund zukünftiger Veränderungen an Wert zu verlieren, bzw. die Chance, an Wert zu gewinnen. Auf diese Weise sollen heutige Bewertungen um bisher unberücksichtigte Informationen über langfristige Entwicklungen wie Klimawandel, demographischer Wandel oder steigende Energiepreise ergänzt werden.
Kriteriengruppen:	

- Flexibilität und Polyvalenz

- Energie und Wasserabhängigkeit

- Erreichbarkeit und Mobilität

- Sicherheit

- Gesundheit und Komfort

Kommentar:	Die ESI Immobilienbewertung stellt im Vergleich zu anderen Bewertungssystemen das Risiko nicht isoliert dar, sondern berücksichtigt dieses bei der Immobilienwertermittlung. Die Ergebnisse dieser Bewertung wurden anhand in der Schweiz nach einem nationalen Nachhaltigkeitslabel zertifizierter Gebäude bestätigt.

Tabelle 10: ESI Immobilienbewertung
Quelle: Vgl. ESI 2007

Feri Nachhaltigkeitsrating für Immobilien	
Herausgeber:	Feri EuroRating Services AG in Kooperation mit dem Lehrstuhl Bauprozessmanagement und Immobilienentwicklung – Technische Universität München
Bewertungsmethode:	Rating
Gebäudekategorie:	Bürogebäude
Kurzbeschreibung:	Das Feri Nachhaltigkeitsrating bewertet die Attraktivität und die Wettbewerbsposition einer Immobilie oder eines Immobilienportfolios unter Berücksichtigung von Nachhaltigkeitsaspekten in den Bereichen, Ökologie und Soziokultur und deren Einfluss auf die Wirtschaftlichkeit.
Kriteriengruppen:	Unternehmen/Technik/Energie

- Bau

- Recht und Politik

- Umfeld

- Geographie/Klima

Gesellschaft

- Bevölkerung

- Recht und Politik

- Wirtschaft

- Wohlfühlfaktor

Kommentar:	Eine Einschätzung zu diesem System ist derzeit noch nicht möglich, da sich das System noch in der Entwicklungsphase befindet.

Tabelle 11: Feri Nachhaltigkeitsrating für Immobilien
Quelle: Vgl. Immobilien Zeitung 04.06.2009

Green Rating	
Sustainable value for your assets	
Herausgeber:	Bureau Veritas, AEW Europe, AXA Real Estate IM, ING Real Estate
Bewertungsmethode:	Rating
Gebäudekategorie:	Bürogebäude (Bestand)
Kurzbeschreibung:	Die Green-Rating-Auditmethode wurde von europäischen Immobilen-Investmentgesellschaften entwickelt. Der Anspruch der Initiatoren war es, ein einheitliches grenzübergreifendes Rating-Tool zu schaffen, welches die gesamte Umweltleistung bestehender Gebäude anhand ausgewählter Kriterien bewertet.
Kriteriengruppen:	

- Energieverbrauch

- Transport

- CO2 Produktion

- Wasserverbrauch

- Komfort

- Abfallproduktion

| **Kommentar:** | Das Green Rating ist ein Tool zur Messung der „Umweltleistung" eines Gebäudes. Der Begriff „Sustainable" (=nachhaltig) in der Beschreibung des Systems ist dahingehend irreführend, als dass außer dem Komfort ausschließlich ökologische Aspekte betrachtet werden. Auch die ökologischen Aspekte werden nur auf Basis von Verbrauchsdaten erfasst. |

Tabelle 12: Green Rating
Quelle: Vgl. Bureau Veritas 2007

Im vorangegangenen wurden fünf verschiedene Bewertungsansätze beschrieben. Zusammenfassend lässt sich feststellen, dass bis auf das Beispiel IMMO-Rate (Österreich) alle Verfahren privatwirtschaftlich initiiert sind. Die angewandte Bewertungsmethodik ist in vier Fällen ein Scoring- bzw. ein Rating-Verfahren. Ein Anbieter, der IPD Environmental Code, bietet eine Art Benchmarking an, d.h. es werden ausgewählte Gebäudeinformationen ausgewiesen, die einen Rückschluss auf die Qualität zulassen. Die bewerteten Gebäudekategorien sind überwiegend Bürogebäude. Ausschließlich die Kategorie „Wohnen" bewertet nur das österreichische Verfahren IMMO-Rate. Die Motivation bzw. die strategische Ausrichtung der Bewertungsverfahren ist sehr unterschiedlich. Eine klassische Risikobetrachtung bietet keines der Verfahren, lediglich die ESI Immobilienbewertung berücksichtigt das Risiko eines Gebäudes als Grundlage für Zu- oder Abschläge bei der Wertermittlung. Bei der Zielsetzung der restlichen Verfahren steht, mit verschiedenen Schwerpunkten, die Darstellung der Umweltverträglichkeit eines Gebäudes im Vordergrund. Der Schwerpunkt der von den Verfahren betrachteten Kriterien liegt im Bereich der ökologischen Qualität und wird von Faktoren der sozialen Qualität wie beispielsweise Gesundheit und Komfort ergänzt. Faktoren der ökonomischen Qualität werden nur vom österreichischen Verfahren IMMO-Rate berücksichtigt.

Zusammenfassend lässt sich feststellen, dass keines der Verfahren den Ansprüchen an eine umfassende Bewertung der nachhaltigkeitsrelevanten Risikoparameter gerecht werden kann.

3.3 Abgrenzung zwischen Risikobewertung und Zertifizierung

Zertifizierungsverfahren wie z. B. das Deutsche Gütesiegel Nachhaltiges Bauen (DGNB) gewinnen in der immobilienwirtschaftlichen Praxis immer mehr an Bedeutung. Untersuchungen wie die von Roland Berger durchgeführte Umfrage Nachhaltigkeit im Immobilienmanagement bescheinigen Zertifikaten eine erhebliche Bedeutung als Treiber für die Werthaltigkeit von Immobilien.[259] Der Aspekt der durch die Zertifizierung angestrebten Wertsteigerung und Werterhaltung beschreibt damit zugleich die zentrale Motivation der handelnden Akteure. Im Gegensatz hierzu ist das Ziel von Immobilienrisiko- oder Immobilienanalyseinstrumenten eine systematische Erfassung, Analyse und Bewertung aller wesentlichen Chancen und Risiken eines Immobilienobjektes.[260] Das Ziel bei der Zertifizierung dagegen ist die Kennzeichnung einer Immobilie als nachhaltig. Ein Zertifikat kann somit als Gütesiegel verstanden werden.[261]

Während bei der Risikoanalyse die Nachfrage nach Hilfestellung für Investitions- oder Desinvestitionsentscheidungen dominiert, steht bei der Zertifizierung die Intention im Vordergrund, durch die Bescheinigung der nachhaltigen Qualität des Gebäudes die Vermarktungsfähigkeit zu steigern. Obwohl es bei beiden Ansätzen eine große Schnittmenge der betrachtenden Kriterien und Indikatoren gibt, unterscheiden sie sich deutlich durch deren Gewichtung. Zertifikate versuchen das Nachhaltigkeitsprofil eines Gebäudes möglichst breit und gleichberechtigt abzubilden. Die „nachhaltige" Risikobewertung eines Gebäudes hingegen sollte

---

[259]Vgl. Henzelmann/Büchele/Engel April 2010, S. 3.

[260]Vgl. Schulte 2008, S. 289.

[261]Gütesiegel bescheinigen Leistungspotenziale gemäß umfangreicher Überprüfungen auf Basis eines in der Regel konsensfähigen und publizierten Kataloges von Kriterien. Vgl. Christa 2010, S. 258

diejenigen Kriterien und Indikatoren stärker gewichten, die Hinweise auf ein höheres wirtschaftliches Risiko bzw. Schadensausmaß geben können. Zur Verdeutlichung dieses Zusammenhangs sind in folgender Tabelle 17 die Bewertungskriterien des Deutschen Gütersiegels Nachhaltiges Bauen aufgelistet. Die Punktmarkierung am rechten Rand soll die Relevanz der Kriterien im Sinne des wirtschaftlichen Risikos darstellen. Volle Punkte bedeuten eine hohe Relevanz und leere Punkte eine eher geringe Relevanz. Die Punktebewertung wurde auf Basis von Erfahrungen des Autors mit unterschiedlichen Risikobewertungsverfahren durchgeführt. Anzumerken sei an dieser Stelle, dass im Fokus dieser Arbeit der Wohnungsbau steht, das DGNB aber Büro- und Verwaltungsgebäude betrachtet. Die Tabelle ist daher eher als Abgrenzungsbeispiel zwischen Zertifikaten und Risikoanalysesystemen zu verstehen. Die Tabelle zeigt, dass bestimmte Kriterien eine deutlich höhere Risikorelevanz aufweisen als andere. So ist z. B. die Bewertung des Standorts bei einer klassischen Riskobetrachtung von höchster Relevanz, während sie bei der Zertifizierung nicht in das Gesamtergebnis mit eingeht, sondern gesondert ausgewiesen wird. Andere Kriterien wie z.B. die Drittverwendungsfähigkeit sind sowohl für die Zertifizierung als auch für die Riskobetrachtung relevant.

Kategorie	Kriterium	Bewertung
ökologische Qualität	Treibhauspotenzial (GWP)	●●○○○
	Ozonschichtabbaupotenzial (ODP)	●○○○○
	Ozonbildungspotenzial (POCP)	●○○○○
	Versauerungspotenzial (AP)	●○○○○
	Überdüngungspotenzial (EP)	●○○○○
	Risiken für die lokale Umwelt	●●○○○
	Nachhaltige Materialgewinnung / Holz	●○○○○
	Nicht erneuerbarbarer Primärenergiebedarf (PEne)	●●●●○
	Gesamtprimärenergiebedarf und Anteil erneuerbarer PE	●●●○○
	Trinkwasserbedarf und Abwasseraufkommen	●●●●○
	Flächeninanspruchnahme	●●●○○
ökonomische Qualität	Gebäudebezogene Kosten im Lebenszyklus	●●●●●
	Drittverwendungsfähigkeit	●●●●●
Soziokulturelle und funktionale Qualität	Thermischer Komfort im Winter	●●●○○
	Thermischer Komfort im Sommer	●●●○○
	Innenraumhygiene	●●●○○
	Akustischer Komfort	●●●○○
	Visueller Komfort	●●●○○
	Einflussnahme des Nutzers	●●●○○
	Aufenthaltsmerkmale im Außenraum	●●●○○
	Sicherheit und Störfallrisiken	●●●○○
	Barrierefreiheit	●●●●●
	Flächeneffizienz	●●●●●
	Umnutzungsfähigkeit	●●●●●
	Zugänglichkeit	●●●●●
	Fahrradkomfort	●○○○○
	Sicherung der gestalterischen und städtebaulichen Qualität im Wettbewerb	●○○○○
	Kunst am Bau	●○○○○
technische Qualität	Schallschutz	●●●○○
	Wärme- und Tauwasserschutz	●●●○○
	Reinigungs- und Instandhaltungsfreundlichkeit des Baukörpers	●●●○○
Prozessqualität	Qualität der Projektvorbereitung	
	Integrale Planung	
	Optimierung und Komplexität der Herangehensweise in der Planung	
	Nachweis der Nachhaltigkeitsaspekte in Ausschreibung und Vergabe	
	Schaffung von Voraussetzungen für eine optimale Nutzung und Bewirtschaftung	
	Baustelle /Bauprozess	
	Qualität der ausführenden Firmen / Präqualifikation	
	Qualitätssicherung der Bauausführung	
	Systematische Inbetriebnahme	
Standortqualität	Risiken am Mikrostandort	●●●●●
	Verhältnisse am Mikrostandort	●●●●●
	Image und Zustand von Standort und Quartier	●●●●●
	Verkehrsanbindung	●●●●●
	Nähe zu nutzungsspezifischen Objekten und Einrichtungen	●●●●●
	anliegenden Medien / Erschließung	●●●●●

Abbildung 17: Risikorelevante Kriterien DGNB
Quelle: Eigene Darstellung

3.4 Zusammenfassung

In diesem Kapitel konnte anhand der VÖB-Immobilienanalyse aufgezeigt werden, dass Nachhaltigkeitsaspekte auch in einem konventionellen, in der Praxis angewandten System Auswirkungen auf das Gesamtergebnis haben. Des Weiteren wurden spezielle, finanzwirtschaftlich orientierte Verfahren zur Beurteilung von gebäudebezogenen Nachhaltigkeitsaspekten vorgestellt und ausgewertet. In diesem Zusammenhang wurde auch eine Abgrenzung zwischen Verfahren der Risikobewertung und Verfahren zur Zertifizierung von Gebäuden vorgenommen. Diese Abgrenzung ist notwendig, da beide Ansätze sich in ihrer methodischen Vorgehensweise ähneln. Im folgenden Kapitel soll nun auf den bisherigen Ergebnissen aufbauend eine Möglichkeit zur praktischen Umsetzung gezeigt werden.

4 Vorschlag zur Weiterentwicklung von Scoring-Verfahren

In den vorangegangenen Kapiteln wurde bereits beschrieben, welche gebäude- und standortbezogenen Merkmale, Eigenschaften und Indikatoren im Sinne einer nachhaltigkeitsorientierten Risikobetrachtung berücksichtigt werden sollten. In diesem Zusammenhang existieren auch international erste Ansätze, Abschätzungen der zukünftigen Vermiet- und Vermarktbarkeit mittels qualitativer Methoden durchzuführen. In dem Beitrag Sustainability score-draw von Paul McNamara für das IPE Real Estate Magazin beschreibt er die Grenzen quantitativer Verfahren bei der Betrachtung von Vorteilen nachhaltiger Immobilien. Als Konsequenz daraus wird ein Scoring-Verfahren beschrieben, welches Auskunft geben soll über die Zukunftsfähigkeit eines Gebäudes. Es werden Kriterien aus den Bereichen Ressourcenverbrauch, Zertifizierung, Energie- und Ressourcengewinnung und Abhängigkeit von „carbon-based"-Infrastruktur bewertet. Das Ergebnis des Scorings gibt Auskunft über die Angepasstheit des Gebäudes an sich zukünftig verstärkende Risiken.[262]

Das hier geschilderte Beispiel verdeutlicht, dass auch auf internationaler Ebene erkannt worden ist, dass immobilienwirtschaftliche Risikobewertungsverfahren sich den Anforderungen einer veränderten Umwelt anpassen müssen und dass dies nicht ohne die Berücksichtigung der physischen Eigenschaften und Merkmale eines Gebäudes geschehen kann. Technisch umgesetzt wird eine derarti-

---

[262]Vgl. McNamara 2010, S. 32.

ge Vorgehensweise, wie bereits mehrfach erwähnt, am besten mittels eines Scorings.

In der immobilienwirtschaftlichen Praxis existiert eine Vielzahl von Scoring-Modellen zur Risikoanalyse von Immobilien und Immobilienbeständen. Die Systeme unterscheiden sich durch die betrachteten Beurteilungskriterien und Indikatoren sowie deren jeweilige Gewichtung. Die Auswahl der Kriterien und Indikatoren basiert in der Regel auf Erfahrungswerten aus der Vergangenheit. Neben den bestehenden konventionellen Instrumenten zur Risikoanalyse existieren auch einige neue Instrumente mit dem Ziel, die Performance eines Gebäudes hinsichtlich seiner Nachhaltigkeit zu beurteilen.[263] Den Ansprüchen an eine Risikobetrachtung vor dem Hintergrund der Herausforderungen in Zusammenhang mit den Megatrends können sowohl die klassischen als auch die bisher untersuchten neuen Ansätze nicht gerecht werden.

Die nachfolgend erläuterten Schritte unterscheiden in eine inhaltliche Weiterentwicklung, die auf den theoretischen Erkenntnissen aus *Teil D, Kapitel 1 Ableitung von nachhaltigkeitsbezogenen, risikorelevanten Eigenschaften, Merkmalen und Indikatoren zur Risikobewertung* basiert und eine konzeptionelle Weiterentwicklung sie auf den Erkenntnissen aus *Teil D, Kapitel 2 Berücksichtigung von Wechselwirkungen zwischen Aspekten der Umwelt und des Gebäudes im Zeitverlauf* aufbaut.

4.1 Inhaltliche Weiterentwicklung

Die im folgenden vorgestellte Vorgehensweise basiert auf der Annahme, dass in der Praxis etblierte Scoring-Modelle bisher ih-

---

[263]Vgl. Teil D, Abschnitt 3.2 Beispiele am Markt verfügbarer Instrumente zur Beurteilung von Nachhaltigkeitsaspekten.

ren Zweck insbesondere bei der Bewertung ökonomischer Aspekte weitestgehend erfüllen und in Ansätzen bereits in der Lage sind, nachhaltigkeitsrelevante Aspekte zu berücksichtigen.[264] Der Schwachpunkt etablierter Ansätze liegt vor dem Hintergrund der sich verändernden Umwelt vielmehr darin, dass physische Merkmale des Gebäudes nur unzureichend bei der Bewertung des Risikos abgebildet werden.

Daher wird nicht das Ziel verfolgt, ein neues Nachhaltigkeitsscoring zu entwickeln, sondern Nachhaltigkeitsaspekte in bestehende Systeme zu integrieren. Durch die nachfolgend vorgestellte Vorgehensweise soll damit auch eine möglichst hohe praktische Umsetzbarkeit gewährleistet werden können. Die Integration von Nachhaltigkeitsaspekten in ein bestehendes System hat zudem den Vorteil, dass eventuelle unternehmensspezifische Kriterienschwerpunkte eines etablierten Systems nicht zu Lasten eines neuen Systems geopfert werden müssten, sondern lediglich hinsichtlich ihrer Gewichtung angepasst würden.

---

[264]Vgl. Teil D, Abschnitt 3.1 VÖB-Immobilienanalyse.

4.1.1 Vorhandene Kriterien analysieren

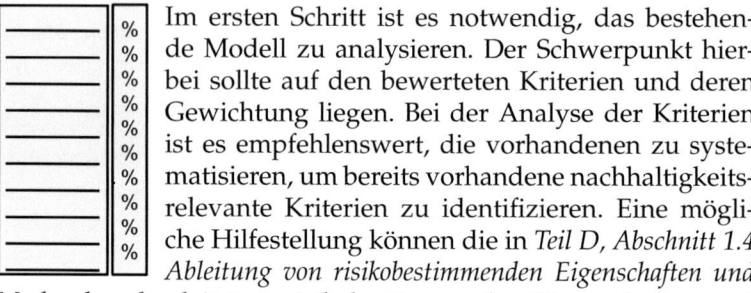 Im ersten Schritt ist es notwendig, das bestehende Modell zu analysieren. Der Schwerpunkt hierbei sollte auf den bewerteten Kriterien und deren Gewichtung liegen. Bei der Analyse der Kriterien ist es empfehlenswert, die vorhandenen zu systematisieren, um bereits vorhandene nachhaltigkeitsrelevante Kriterien zu identifizieren. Eine mögliche Hilfestellung können die in *Teil D, Abschnitt 1.4 Ableitung von risikobestimmenden Eigenschaften und Merkmalen* abgeleiteten, risikobestimmenden Eigenschaften und Merkmale sein.

4.1.2 Defizite identifizieren

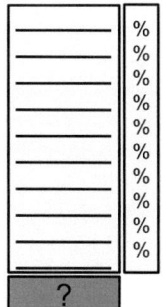 Im zweiten Schritt sollen, analog zu der im ersten Schritt durchgeführten Identifizierung von vorhandenen Nachhaltigkeitskriterien, diejenigen Felder aufgezeigt werden, in denen weiterer Handlungsbedarf zur Integration von neuen Nachhaltigkeitsindikatoren besteht. Dazu können die aus den Megatrends resultierenden Herausforderungen mit den bereits bestehenden Kriterien und Indikatoren abgeglichen werden. Darüber hinaus müssen in diesem Schritt die spezifischen, aus der Risikostrategie des Unternehmens resultierenden Besonderheiten berücksichtigt werden, d.h. in diesem Schritt muss die strategische Ausrichtung des Unternehmens in Einklang mit der Integration neuer Kriterien gebracht werden.

4.1.3 Neue Kriterien integrieren

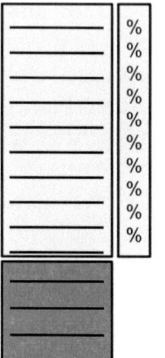 Im dritten Schritt sollen neue, nachhaltigkeitsrelevante Indikatoren integriert werden. Die Ableitung der Indikatoren wurde im *Teil D, Abschnitt 1.5 Ableitung von Indikatoren* beschrieben. Eine nach Möglichkeiten weitgehend performanceorientierte Beschreibung wäre vorteilhaft, da somit viele bei der merkmals-, erfahrungs-, und eigenschaftsbasierten Beschreibung (vgl. *Teil C, Abschnitt 2.2 Risikorelevante Immobilieninformationen*) erhobene Daten in dem Erfüllungsgrad einer Anforderung zusammengefasst werden könnten. Bei der Integration neuer Kriterien muss, wie im vorangegangenen Schritt bereits beschrieben, ständig überprüft werden, inwieweit die zur Bewertung notwendigen Informationen verfügbar sind. Bei der praktischen Umsetzung, vor allem in Zusammenhang mit großen Gebäudebeständen, sind hierbei die größten Schwierigkeiten zu erwarten.

4.1.4 Gewichtung anpassen

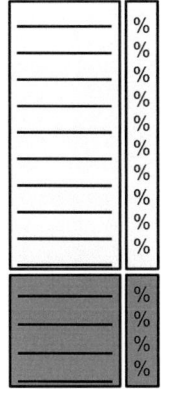

Im vierten Schritt sollen die Gewichtungen an den erweiterten Kriterienkatalog angepasst werden. Bei der Erstellung des neuen Kriterienkataloges ist darauf zu achten, dass die Kriterien untereinander nicht zu stark korrelieren, da sich ansonsten Punktbewertungen aus den einzelnen Kriterien gegenseitig verstärken können, was zu einer Übergewichtung dieser Kriterien führen würde. Genauso fehlerhaft wäre es, wenn sich die Bewertungen gegeneinander aufheben würden, was zu einer Vernachlässigung oder Nichtberücksichtigung einzelner Kriterien führen könnte. Die Verteilung der Gewichtungen kann nur auf Basis von ersten Erfahrungswerten bzw. Experteneinschätzungen vorgenommen werden. Für eine rechnerische Ermittlung bzw. Verifizierung der Gewichtungen fehlt zum einen bisher die Informationsgrundlage und zum anderen ist eine, auf Basis von Ereignissen in der Vergangenheit erstellte Gewichtung nicht vereinbar mit der Zukunftsgerichtetheit des hier vorgestellten Ansatzes.

4.1.5 Gewichtung als Adaptionsinstrument für sich ändernde Risikoeinflussfaktoren

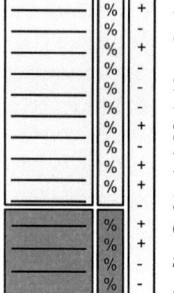 Im fünften Schritt soll darauf hingewiesen werden, dass die im vierten Schritt gewählten Gewichtungen keineswegs als starr anzusehen sind. Vielmehr können sie ein wichtiges Instrument sein, um das Scoring-Modell sowohl an ein sich veränderndes Marktumfeld im Sinne einer veränderten Nachfragesituation als auch an stärker werdende Umwelteinflüsse anzupassen. Die in *Teil D, Kapitel 2 Berücksichtigung von Wechselwirkungen zwischen Aspekten der Umwelt und des Gebäudes im Zeitverlauf* dargelegten Erkenntnisse hinsichtlich der Regionalisierung und Dynamisierung können in diesem Schritt umgesetzt werden. Dieser letzte Schritt bietet somit den Ansatzpunkt für eine konzeptionelle Weiterentwickung des Scorings.

4.2 Konzeptionelle Weiterentwicklung

Die Vorschläge zur konzeptionellen Weiterentwicklung haben zum Ziel, die im Vorangegangenen erläuterte Regionalisierung und Dynamisierung in ein Scoring zu integrieren. Die theoretische Vorgehensweise hinsichtlich der Identifizierung der zukünftigen Anforderungen an Gebäude unter Berücksichtigung regionaler und zeitlicher Aspekte, wurde in *Teil D, Kapitel 2.1 Regionalisierung und Kapitel 2.2 Dynamisierung* bereits anhand von jeweils einem Beispiel erläutert.

In diesem Abschnitt sollen nun über die Beispiele hinaus die Zusammenhänge zwischen, von den Megatrends geprägten Aspekten der Umwelt und den Gebäudeeigenschaften- und merkmalen

(Kriterien), hinsichtlich der Gewichtungen erläutert werden. Die folgende Abbildung 18 zeigt, welche risikorelevanten Eigenschaften und Merkmale (Kriterien) bei einer identifizierten, zukünftigen Anforderung hochgewichtet werden könnten.

Die Abbildung zeigt auf der linken Seite die Megatrends. Den Megatrends sind, in zusammengefasster Form, die zukünftigen Anforderungen an Wohngebäude zugeordnet. Unterhalb der zentral dargestellten Matrix sind diejenigen, risikorelevanten Gebäudeeigenschaften und -merkmale (Kriterien) angeordnet, mit deren Hilfe ein Gebäude hinsichtlich der zukünftigen Anforderungen bewertet werden kann. Mittels der Matrix können den Anforderungen Eigenschaften und Merkmale (Kriterien) zugeordnet werden. Die Abbildung zeigt mit Hilfe kleiner Pfeile, welche Kriterien in Abhängigkeit welcher Anforderungen in einem Scoring hochgewichtet werden könnten.

In Ergänzung der dargestellten Liste mit Abhängigkeiten, sollen mithilfe einer weiteren Abbildung 19 noch einmal zwei Beispiele herausgestellt werden. Die Darstellungsform orientiert sich an der Darstellungsweise einer Portfoliomatrix.

Die Abbildung greift zwei Kriterien eines Scoring-Modells heraus. Zum einen die Anpassbarkeit bzw. Nutzungsflexibilität und zum anderen die Widerstandsfähigkeit der Gebäudehülle. Die beiden Kriterien der Objektdimension werden maßgeblich bestimmt durch die Umweltaspekte Demographie und Klimawandel. Der Zusammenhang zwischen den Megatrends und den Gebäudeeigenschaften und Merkmalen wurde in Abbildung 13 bereits erläutert. In der Abbildung wird davon ausgegangen, dass sich sowohl hinsichtlich der Demographie (älter werdende Mieter am Standort) als auch hinsichtlich des Klimawandels (Zunahme von Wetterextremen) deutliche Trends abzeichnen. Als Reaktion auf diese Trends wird daher eine Erhöhung der Gewichtung der Kriterien Anpassbarkeit bzw. Nutzungsflexibilität Widerstandsfähigkeit

Klimawandel

Die Anforderungen an den sommerlichen Wärmeschutz steigen

Gefahr durch Extremwetterereignisse

Verknappung von Ressourcen

Energetischer Standard wird zum Nachfragekriterium

Demographischer Wandel

Der Bedarf an altengerechten Wohnungen wächst

Wertewandel / Individualisierung der Lebensstile

Zahl kleiner Haushalte wächst – Nachfrageveränderungen bei Wohnungsgrößen und -grundrissen

Wachsende (politische) Anforderungen an eine nachhaltige Entwicklung

Die gesetzlichen Anforderungen an den energetischen Standard und an Ressourcenschonung werden weiter verschärft

Professionalisierung und Ökonomisierung der Wohnungswirtschaft

Ökonomisierung der lebenszyklusbegleitenden Prozesse

Spaltenbeschriftungen:
- Langlebigkeit / Angepasstheit an geplante Nutzungsdauer
- Widerstandsfähigkeit gegenüber Sturm, Hagel, Erdbeben, Hochwasser, u.a.
- Instandhaltungs-/Wartungsfreundlichkeit
- Energieeffizienz, Verringerung von Trinkwasserbedarf und Abwasser
- Umweltfreundliche und gesundheitsgerechte Bauprodukte
- thermische, akustische und visuelle Behaglichkeit
- Rückbaubarkeit / Recyclingfreundlichkeit
- Funktionalität / Anpassbarkeit an den Nutzerbedarf

Abbildung 18: Regionalisierung – Dynamisierung praktische Anwendung
Quelle: Eigene Darstellung

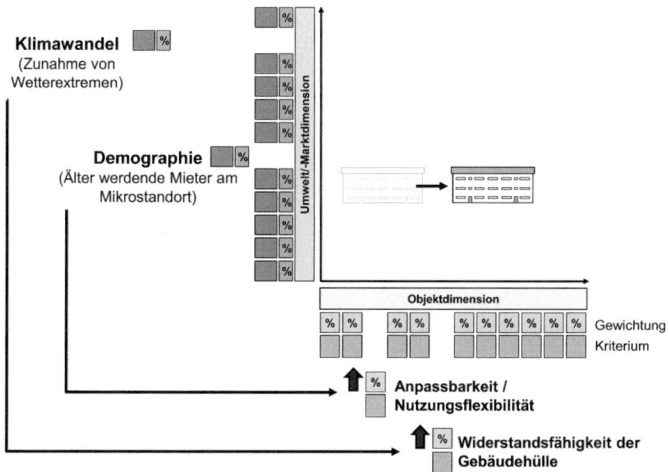

Abbildung 19: Anpassung der Gewichtung in Abhängigkeit von
Umweltaspekten
Quelle: Eigene Darstellung

der Gebäudehülle vorgeschlagen. Durch diese „adaptive" Anpassung der Gewichtung kann somit eine Risikobewertung vorgenommen werden, die ein Gebäude nicht wie bisher isoliert, sondern im Kontext seiner Umwelt bewertet.

Ob und in wie weit bei der aufgezeigten Vorgehensweise die Liste mit Kriterien der Umwelt- und Marktdimension erweitert werden muss, hängt entscheidend davon ab, ob es sich um eine Risikobewertung von Bestandsgebäuden oder Projektenwicklungen handelt. Bei Bestandsgebäuden wird, wie bereits erläutert, versucht Umwelt- und Marktrisiken soweit wie möglich durch den Grad der Angepasstheit des Gebäudes als Objektrisiken zu bewerten. Bei Projektentwicklungen hingegen müssen die Risikofaktoren des Standortes betrachtet werden, dabei würde es sich empfehlen die Liste mit Kriterien der Umwelt und Marktdimension in Abgleich mit den identifizierten Megatrends zu erweitern.

4.3 Zusammenfassung

In diesem Kapitel konnte die theoretische Vorgehensweise zur Implementierung von Nachhaltigkeitsaspekten in bestehende Scoring-Verfahren erläutert werden. Es konnte unterschieden werden in eine inhaltliche Weiterentwicklung und eine konzeptionelle Weiterentwicklung.

Ausgehend von der Analyse eines bestehenden Scorings wurde in vier Schritten gezeigt, wie neue zukunftsgerichtete Kriterien und Indikatoren integriert werden können. In einem fünften Schritt wurde über die inhaltliche Erweiterung hinaus gezeigt, an welcher Stelle konzeptionelle, bzw. methodische Weiterentwicklungspotenziale bestehen.

5 Praxisbeispiel – Integration von Nachhaltigkeitsaspekten in ein in der Praxis etabliertes Scoring-Modell

Aufbauend auf der in den vorangegangenen Kapiteln herausgearbeiteten Vorgehensweise soll in diesem Kapitel die praktische Umsetzbarkeit anhand eines, von einem Wohnungsunternehmen in der Praxis angewandten Systems überprüft werden. Im Rahmen des vom Bundesministerium für Verkehr, Bau und Stadtentwicklung im Rahmen der Forschungsinitiative ZukunftBau geförderten Forschungsvorhaben ImmoWert konnte zu diesem Zweck das System des Forschungsverbundpartners LBBW Immobilien Wohnen verwendet werden. Bei dem System handelt es sich um das von der Deloitte Consulting GmbH entwickelte System Innosys. Aufbau und Inhallt des Systems werden im Folgenden einleitend kurz beschrieben.

5.1 Beschreibung des Systems Innosys

Das System Innosys bietet laut Hersteller eine integrierte Portfoliomanagement- und Planungslösung für Immobilienunternehmen.[265] Im Wesentlichen besteht das System aus folgenden Bausteinen:

---

[265]Vgl. Deloitte Consulting GmbH.

- Businessplanung, Budgeting sowie Forecast

- Portfoliomanagement

- Investitionsrechnung

- Wertermittlung

- Unternehmensplanung (HGB, IFRS)

- Vergütungsmodelle

- Risikomanagement

- Controlling

Betrachtet wird im Rahmen dieser Arbeit der Baustein Risikomanagement.

Das System bietet dem Anwender die Möglichkeit, Dimensionen, Kriterien und Indikatoren den eigenen Anforderungen anzupassen. Durch diese Eigenschaft bietet das System eine sehr gute Grundlage für eine versuchsweise Erweiterung bzw. Anpassung der Kriterien und Indikatoren im Sinne einer nachhaltigkeitsorientierten Risikobewertung.

Das Risikomanagement bzw. die Risikobewertung erfolgt mittels eines Scoring-Verfahrens, das sich in die drei Dimensionen Objektqualität, Standortqualität und Vermietungserfolg gliedert. Die Dimensionen gliedern sich in einzelne gewichtete Indikatoren denen für die Bewertung ein Punktwert zwischen 100 und 500 Punkten zugeordnet wird. So geht z. B. der Indikator „Anteil Balkone" mit einer Gewichtung von 10 % in das Zielattribut „Objektqualität" ein. Entsprechend wird bei den anderen Zielattributen vorgegangen. Ein hoher Punktwert in der jeweiligen Teilqualität bedeutet

daher ein geringes spezifisches Risiko und umgekehrt. Die Punkt-
werte zwischen 100 und 500 Punkten sind vor dem Hintergrund
einer späteren Datstellung in einer Portfoliomatrix gewählt.

An der Tatsache, dass in diesem Scoring die Dimensionen direkt
mit Indikatoren zur Bewertung hinterlegt sind ohne eine Zwi-
schenabstufung in Kriterien (vgl. Abbildung 10, Vorbereitung eines Scoring-Verfahrens), lässt sich ablesen, das beim betrachteten
Verfahren eine eher geringe Detailschäfe bei der Betrachtung der
Objektqualität vorliegt.

5.2 Weiterentwicklung unter Berücksichtigung einer nachhaltigen Entwicklung

Im Rahmen dieses Praxisbeispiels soll exemplarisch die Weiterentwicklung des Scoring-Modells im Bereich des Zielattributes Objektqualität dargestellt werden. Wie bereits erläutert, ist in diesem
Bereich das größte Weiterentwicklungspotenzial zu erwarten.

5.2.1 Vorhandene Kriterien analysieren

Nachhaltigkeitsrelevante Indikatoren werden bisher hauptsächlich im Bereich des Zielattributes „Vermietungserfolg" und daher
im Bereich der ökonomischen Qualität betrachtet. Auch das Zielattribut „Standortqualität" enthält einige wichtige Indikatoren aus
dem soziokulturellen Bereich. Die Objektqualität setzt sich aus folgenden Indikatoren zusammen

- Aufzug

- Anteil Balkone

- Zustand Balkone

- Zustand Eingangsbereich

- Elektrische Verstärkung Treppenhaus

- Elektrische Verstärkung Wohnungen

- Zustand Treppenhaus

- Zustand Fenster

- Fensterart

- Heizungsart

- Instandhaltungsrückstand in Euro/m2

- Zustand Treppenhaus

Weitere relevante Gebäudeinformationen wie z. B. Vollwärme-schutz werden zwar im Rahmen der allgemeinen Objektdoku-mentation erhoben, jedoch bei der Risikobewertung nicht als In-dikator berücksichtigt.

Die Auflistung der objektbezogenen Indikatoren zeigt, dass eini-ge der aktuell abgefragten Indikatoren im Sinne einer nachhaltig-keitsorientierten Betrachtung risikorelevanter Objekteigenschaf-ten durchaus von Bedeutung sind. Zu nennen wäre im Besonderen der Aufzug, der vor dem Hintergrund einer wachsenden Nachfra-ge nach barrierefreiem Wohnen von Bedeutung ist.[266]

---

[266]Vgl. GdW 2008, S. 99 ff.

Ebenfalls von Bedeutung ist der bisher nicht in der Bewertung berücksichtigte, jedoch im Objektsteckbrief dokumentierte Vollwärmeschutz der Gebäudehülle. Der Vollwärmeschutz bietet über das Einsparpotenzial von Heizwärmekosten hinaus die Vorteile einer gesteigerten Behaglichkeit[267] und einer geringeren Wahrscheinlichkeit der Bildung von Schimmel.[268] Der Anteil der Balkone, die elektrische Verstärkung des Treppenhauses, die Fensterart und die Heizungsart sind ebenfalls von gewisser Relevanz bei einer nachhaltigkeitsorientieren Risikobewertung.

5.2.2 Defizite identifizieren und neue Kriterien integrieren

In einem ersten Schritt wurde die Funktionsweise des von der LBBW verwendeten Systems Innosys mit Schwerpunkt auf den verwendeten Zielattributen und Indikatoren untersucht. Die nachhaltigkeitsrelevanten Indikatoren wurden identifiziert. In diesem Schritt sollen nun diejenigen Bereiche aufgezeigt werden, bei denen für die Weiterentwicklung, hin zu einem erweiterten, nachhaltigkeitsorientieren Verfahren Handlungsbedarf besteht.

Um die Praxistauglichkeit des Systems auch nach einer Erweiterung weiterhin zu gewährleisten, wurde sich von Anfang an mit dem Praxispartner über die praktische Durchführung der Informationserfassung darauf verständigt, welche nachhaltigkeitsrele-

---

[267] Die Behaglichkeit, d. h. ob sich ein Mensch in einer Wohnung wohlfühlt, hängt von der Temperatur, der relativen Luftfeuchte und der Strömungsgeschwindigkeit der Luft ab. Alle drei Faktoren werden von der Qualität der Außenwand maßgeblich beeinflusst. Bei einem Temperaturunterschied von mehr als 2 °C zwischen Oberflächentemperatur der Wand und der Raumlufttemperatur entstehen Luftzirkulationen. Diese Luftzirkulationen werden als Zugluft mit Unbehagen wahrgenommen.

[268] Eine häufige Ursache für die Bildung von Schimmel in Wohnräumen ist eine hohe Temperaturdifffferenz zwischen Raumlufttemperatur und Oberflächentemperatur der Außenwand in Verbindung mit hoher Luftfeuchtigkeit. Die in der Raumluft enthaltene Feuchtigkeit kondensiert an der kalten Oberfläche der Außenwand und bietet damit die Grundvoraussetzung für Schimmelbildung.

vanten Objektinformationen im Rahmen bestehender Prozesse ermittelt werden können. Die Informationsbasis für die Bewertung der Objektqualität wird im Falle der LBBW Immobilien u. a. durch turnusmäßige Begehungen der Gebäude erzeugt. Für jedes Gebäude existiert ein Objektsteckbrief, der bei diesen Begehungen aktualisiert wird. Um die Dokumentation der Gebäude zu erweitern und somit die Grundlage für eine nachhaltigkeitsorientierte Risikobetrachtung zu schaffen, wurden vom Autor Vorschläge, nachhaltigkeitsrelevanter Gebäude- und Standortinformationen erarbeitet (vgl. Teil D, Kapitel 1 Ableitung von nachhaltigkeitsbezogenen,risikorelevanter Eigenschaften, Merkmalen und Indikatoren zur Risikobewertung) und mit dem Praxispartner diskutiert. Prämisse für diese Liste war, dass die benötigten Informationen im Rahmen der turnusmäßigen Begehungen erhoben werden können.

Neben den Informationen, die aus der Begehung gewonnen werden konnten, stand für einen großen Teil des Bestandes ein Energieausweis zur Verfügung. Die Informationen aus dem Energieausweis standen im System zur Verfügung, wurden jedoch bisher nicht im Rahmen der Risikobewertung berücksichtigt.

Schwierigkeiten für eine umfassende Betrachtung aller nachhaltigkeitsrelevanten Faktoren ergaben sich bei den genannten Voraussetzungen dadurch, dass der Ausstattungsstandard der einzelnen Wohneinheiten unberücksichtigt bleiben musste. Große Wohnungsunternehmen wie die LBBW Immobilien verfügen in ihrem Bestand überwiegend über Mehrfamilienhäuser, d. h. das Blickfeld derjenigen, die die Begehungen der Objekte durchführen, endet an der Haustür der Mieter. Informationen, die Auskunft über z. B. die Behaglichkeit oder die Nutzungsflexibilität der Wohneinheiten geben könnten, müssen somit weitestgehend unberücksichtigt bleiben, da sie in der Regel auch nicht dokumentiert sind bzw. die Dokumentation nicht in geeigneter Weise zur Verfügung steht.

Diese Sachverhalte führten nach eingehender Diskussion mit Vertretern der LBBW Immobilien zu einer starken Eingrenzung der zuvor vorgeschlagenen nachhaltigkeitsrelevanten Gebäudeinformationen. Das Ergebnis ist eine Aufstellung von Indikatoren, die von der LBBW Immobilien bei ihren aktuell durchgeführten Begehungen des Gebäudebestandes zusätzlich abgefragt wurden. Eine entsprechende Auflistung ist in Tabelle 13 dargestellt. Der Hinweis in der Tabelle „Aus System entnehmen", bedeutet, dass diese Daten bereits im System der LBBW Immobilien hinterlegt sind und nicht vor Ort erhoben werden müssen. Auf Basis der in Tabelle 13 gelisteten Indikatoren wurden erste Versuche zur Auswertung von Datensätzen unternommen. Um Doppelungen[269] zu vermeiden und um die praktische Anwendbarkeit weiter zu erhöhen, wurde in weiteren Abstimmungsgesprächen die Liste erneut überarbeitet. Tabelle 14 zeigt die überarbeitete Version. Entsprechend der Vorgehensweise bei den bereits bisher bewertenden Indikatoren wurde auch hier vorgesehen, eine Nichterfüllung eines Merkmals mit 100 Punkten und eine Erfüllung mit 500 Punkten zu bewerten.

Um im Bereich der ökologischen Qualität den Energieverbrauch zu bewerten, wurden verfügbare, bedarfsorientierte Energieausweise ausgewertet. Hierzu wurde ein Bewertungsverfahren eingeführt. Der aus dem Energieausweis ausgelesene Wert wird dabei, hier im Sinne eines Vorschlages durch den Bearbeiter, in einen Punktwert entsprechend des Scoring-Verfahrens umgerechnet. Maßgebend für die Bewertung sind die Vorgaben der aktuell gültigen EnEV.[270] Mittels einer Farbverlaufskala sind auf den Energieausweisen Energieverbrauchs- oder Energiebedarfskennwerten Farben zugeordnet, die je nach Farbspektrum einen guten oder einen schlechten Wert kennzeichnen.

---

[269]Das Merkmal „Altengerecht" beinhaltete zunächst den Aufzug, der allerdings auch schon in der Objektqualität abgefragt wird. Da es sich bei den gelisteten Merkmalen um Ergänzungen handeln soll, musste hierbei nachgebessert werden.

[270]Vgl. Bundesministerium für Verkehr, Bau und Stadtentwicklung.

		Kriterien	Bewertungsschema	
Objektqualität	Prozess-qualität	Wartungs-/Inspektionsintervalle der Heizung	Aus System entnehmen für ZH	
		Ablesbarkeit der Verbräuche	fernablesbar	im Gebäude ablesbar
		Persönlicher Ansprechpartner	Aus System entnehmen (Name)	
		Hausmeister	Aus System entnehmen (Name)	
	Sicherheit	Türspion	vorhanden	nicht vorhanden
		Beleuchtung Flure	ausreichend	nicht ausreichend
		Vorhandene Lichtschalter im TH	ausreichend	nicht ausreichend
		Gegensprechanlage	vorhanden	nicht vorhanden
		Briefkastenanlage	A4 geeignet	nicht A4 geeignet
		Lesbarkeit der Hausnummer	ausreichend	nicht ausreichend
		Beleuchtung Außenbereiche (Wege, Eingangsbereich)	ausreichend	nicht ausreichend
	funktionale Qualität	Private Abstellräume	vorhanden	nicht vorhanden
		Gemeinsame Abstellräume	vorhanden	nicht vorhanden
		Mehrzweck und Gemeinschaftsräume	vorhanden	nicht vorhanden
		Wasch- und Trockenräume	vorhanden	nicht vorhanden
		Zumietbare Wohn- und Arbeitsräume	vorhanden	nicht vorhanden
		Altengerecht (möglichst ebenerdiger Zugang + Aufzug)	ja	nein
		Familiengerecht (=Stellplatz für Kinderwagen im TH)	ja	nein
		Private Außenbereiche (Mietergärten)	vorhanden	nicht vorhanden
		Größe der Balkone (=es passt ein Tisch und Stuhl drauf)	ausreichend	nicht ausreichend
		Stellplätze + Garagen	Aus System entnehmen	
		Spielplätze	vorhanden	nicht vorhanden
	ökologische Qualität	Energieausweis	Aus System entnehmen	
		Energieträger	Aus System entnehmen	
		Energieverbrauch	Aus System entnehmen	
		Wasserverbrauch	Aus System entnehmen	
		Mülltrennung (Platz für mehrere Mülltonnen vorhanden)	vorhanden	nicht vorhanden

Tabelle 13: Erweiterte Qualitätsmerkmale
Quelle: Eigene Darstellung

Kriterien	Bewertungsschema	
Prozess-qualität		
Ablesbarkeit der Verbräuche	fernablesbar	im Gebäude ablesbar
Persönlicher Ansprechpartner	Aus System entnehmen (Name)	
Hausmeister	Aus System entnehmen (Name)	
soziokulturelle und funktionale Qualität		
Türspion	vorhanden	nicht vorhanden
Beleuchtung Flure	ausreichend	nicht ausreichend
vorhandene Lichtschalter im TH	ausreichend	nicht ausreichend
Gegensprechanlage	vorhanden	nicht vorhanden
Lesbarkeit der Hausnummer	ausreichend	nicht ausreichend
Beleuchtung Außenbereiche (Wege, Eingangsbereich)	ausreichend	nicht ausreichend
Private Abstellräume	vorhanden	nicht vorhanden
Gemeinsame Abstellräume	vorhanden	nicht vorhanden
Mehrzweck und Gemeinschaftsräume	vorhanden	nicht vorhanden
Wasch- und Trockenräume	vorhanden	nicht vorhanden
Zumietbare Wohn- und Arbeitsräume	vorhanden	nicht vorhanden
Altengerecht (schwellenlose Zugänglichkeit)	ja	nein
Familiengerecht (=Stellplatz für Kinderwagen im TH)	ja	nein
Private Außenbereiche (Mietergärten)	vorhanden	nicht vorhanden
Größe der Balkone (=es passt ein Tisch und Stuhl drauf)	ausreichend	nicht ausreichend
Fahrradstellplätze	vorhanden	nicht vorhanden
Stellplätze + Garagen	Aus System entnehmen	
ökologische Qualität		
Vollwärmeschutz	vorhanden	nicht vorhanden
Energieverbrauch	Aus System entnehmen	
Mülltrennung (Platz für mehrere Mülltonnen vorhanden)	vorhanden	nicht vorhanden

erweiterte Objektqualität

Tabelle 14: Erweiterte Qualitätsmerkmale 2
Quelle: Eigene Darstellung

Da bei der berechneten Erfassung des Energiebedarfs der Anforderungswert nach EnEV gegeben ist, kann dieser als Maßstab dienen. Der Anforderungswert nach EnEV wird mit der Maximalpunktzahl von 500 Punkten gewertet. Sollte ein Gebäude besser als der Anforderungswert sein, wird ebenfalls die Maximalpunktzahl vergeben. Die Abschläge der Bepunktung ergeben sich aus der prozentualen, negativen Abweichung vom EnEV-Anforderungswert. Die Abstufung orientiert sich an der Farbskala des Energieausweises. Abbildung 20 verdeutlicht den Bewertungsansatz. Auf Basis der beschriebenen, neu eingeführten

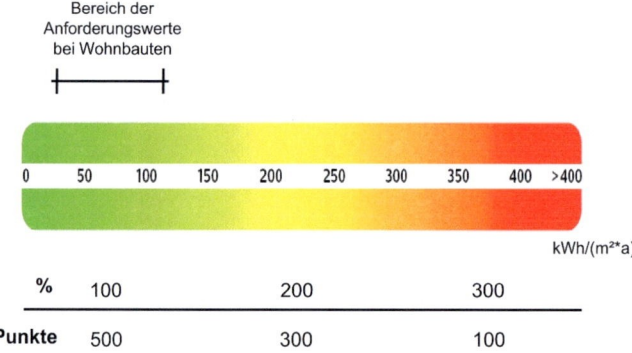

Abbildung 20: Energiebedarf – Scoring-Punkte
Quelle: Eigene Darstellung

Indikatoren und deren Beschreibungs- und Bewertungsmethode konnte die ursprüngliche Liste mit Indikatoren der Objektqualität erweitert werden.

5.2.3 Anpassung der Gewichtung

Nachdem die Liste mit Indikatoren erweitert werden konnte, musste die Gewichtung der einzelnen Indikatoren neu angepasst werden. Im hier geschilderten Praxisbeispiel wurde dies basierend auf Einschätzungen von Mitarbeitern der LBBW Immobilien und auf Erfahrungswerten des Autors durchgeführt. Hierbei sei nochmals anzumerken, dass diese Gewichtung als Hilfsmittel im Sinne einer ersten Erprobung zu verstehen ist.

In Tabelle 15 ist das Scoring-System in der ursprünglichen und in der erweiterten Version (Innosys erweitert) noch einmal dargestellt.

5.3 Vergleich Bewertungsergebnis Objektqualität: VÖB – Innosys – Innosys erweitert

Im vorangegangen Abschnitt wurde die Integration von Nachhaltigkeitsaspekten in die Dimension Objektqualität des Risikobewertungsverfahrens der LBBW Immobilien Wohnen beschrieben. Um das Ergebnis einer Plausibilitätsprüfung zu unterziehen, sollen vier Beispielobjekte mit dem erweiterten Verfahren bewertet werden. Als Referenz dient die VÖB-Immobilienanalyse, die im Vorangegangenen ebenfalls untersucht wurde. Durch die Variation der Ausprägung verschiedener Indikatoren konnte gezeigt werden, dass nachhaltigkeitsrelevante Risikoeinflussfaktoren mit der VÖB-Immobilienanalyse bereits ansatzweise bewertet werden können. Ergänzend werden die Beispielobjekte auch mit der ursprünglichen Systemvariante von Innosys bewertet.

Innosys		Innosys erweitert	
		Ablesbarkeit der Verbräuche	3,0%
		Altengerecht (schwellenlose Zugänglichkeit)	10,0%
Anteil Balkone	5,0%	Anteil Balkone	2,0%
Aufzug vorhanden und notwendig?	50,0%	Aufzug vorhanden und notwendig?	3,0%
Balkone Zustand	2,5%	Balkone Zustand	1,0%
		Beleuchtung Außenbereiche (Wege, Eingangsbereich)	2,0%
		Beleuchtung Flure	2,0%
Eingangsbereich Zustand	2,5%	Eingangsbereich Zustand	2,0%
		Energieverbrauch	10,0%
E-Verstärkung Treppenhaus	2,5%	E-Verstärkung Treppenhaus	3,0%
E-Verstärkung Wohnung	2,5%	E-Verstärkung Wohnung	3,0%
		Fahrradstellplätze	2,0%
		Familiengerecht (=Stellplatz für Kinderwagen im TH)	3,0%
Fassade Zustand (Anstrich)	2,5%	Fassade Zustand (Anstrich)	2,0%
Fenster Zustand	2,5%	Fenster Zustand	2,0%
Fensterart	5,0%	Fensterart	1,0%
		Gegensprechanlage	2,0%
		Gemeinsame Abstellräume	2,0%
		Größe der Balkone (=es passt ein Tisch und Stuhl drauf)	3,0%
		Hausmeister	3,0%
Heizungsart	2,5%	Heizungsart	1,0%
Instandhaltungsrückstand (€/m²)	20,0%	Instandhaltungsrückstand (€/m²)	5,0%
		Lesbarkeit der Hausnummer	5,0%
		Mehrzweck und Gemeinschaftsräume	2,0%
		Mülltrennung (Platz für mehrere Mülltonnen vorhanden)	2,0%
		Persönlicher Ansprechpartner	3,0%
		Private Abstellräume	3,0%
		Private Außenbereiche (Mietergärten)	3,0%
		Stellplätze + Garagen	1,0%
Treppenhaus Zustand	2,5%	Treppenhaus Zustand	3,0%
		Türspion	2,0%
		Vollwärmeschutz	2,0%
		Vorhandene Lichtschalter im TH	3,0%
		Wasch- und Trockenräume	2,0%
		Zumietbare Wohn- und Arbeitsräume	2,0%

Tabelle 15: Vergleich Innosys – Innosys 2009
Quelle: Eigene Darstellung

Betrachtet werden vier Objekte des Bestandes der LBBW Immobilien an vier unterschiedlichen Standorten. Es wurden zwei Objekte mit hoher Qualität (geringerem objektbezogenem Risiko) und zwei Objekte mit eher geringerer Qualität (höherem objektbezogenem Risiko) ausgewählt. Betrachtet werden soll die Objektqualität mit den drei unterschiedlichen Verfahren. VÖB unterscheidet Noten zwischen 1 (exzellent) und 10 (katastrophal). Innosys unterscheidet Punkte von 100 (schlechteste Ausprägung) bis 500 (beste Ausprägung).

Die Resultate der Bewertungsverfahren sind der nachfolgenden Tabelle 16 zu entnehmen. Wie die Tabelle aufzeigt, stimmen die verschiedenen Bewertungsverfahren in der Tendenz alle überein. Eher positiv bewertete Gebäude bleiben in jedem Verfahren positiv bzw. durchschnittlich. Ebenso verhält es sich mit geringerer Qualität.

Objektqualität			
Objekt	VÖB	Innosys	Innosys erweitert
A	gut (Note 3)	überdurchschnittlich (480 Punkte)	durchschnittlich (319 Punkte)
B	gut (Note 3)	überdurchschnittlich (475 Punkte)	überdurchschnittlich (391 Punkte)
C	schlecht (Note 8)	unterdurchschnittlich (160 Punkte)	unterdurchschnittlich (220 Punkte)
D	schlecht (Note 8)	unterdurchschnittlich (170 Punkte)	unterdurchschnittlich (187 Punkte)

Tabelle 16: Vergleich: VÖB – Innosys – Innosys erweitert
Quelle: Eigene Darstellung

Bei den guten Objekten zeigt sich, dass die Bewertung nach Innosys die Objekte am besten bewertet. Bei der Bewertung mithilfe des erweiterten Innosys zeigt sich bei beiden Objekten eine deutliche Veränderung des Bewertungsergebnisses. Objekt A wird auf durchschnittlich abgewertet und Objekt B bleibt überdurchschnittlich, jedoch mit einem deutlich geringeren Punktwert. Die VÖB-Immobilienanalyse bewertet beide Objekte mit der Note 3, was ein guter, jedoch kein hervorragender Wert ist.

Bei den beiden geringer bewerteten Objekten zeigt sich im Vergleich Innosys zu Innosys erweitert eine geringe Aufwertung der Bewertung. Sowohl Objekt C als auch Objekt D steigen in der Bewertung durch Innosys erweitert leicht an. Am Ergebnis ändert dies nichts, die Objekte sind mit beiden Ansätzen als unterdurchschnittlich zu betrachten. Die VÖB-Immobilienanalyse bewertet die beiden Gebäude ebenfalls als schlecht.

An dieser Stelle ist nochmals anzumerken, dass die neu eingeführte Gewichtung von „Innosys erweitert" eine intuitive Gewichtung auf Basis von Erfahrungswerten des Autors darstellt und in diesem Sinne als Hilfsmittel für erste Erprobungen zu verstehen ist. Die Ergebnisse in Form des ermittelten Punktwertes könnten bei einer anderen Gewichtung der Indikatoren erheblich vom aktuellen Ergebnis abweichen. Der durchgeführte Vergleich zeigt, dass die bisher gewählte Gewichtung, gemessen am Endergebnis, tendenziell mit den Ergebnissen des etablierten Systems VÖB-Immobilienanalyse übereinstimmt.

6 Zusammenfassung

In Teil D der Arbeit wurden, ausgehend von den bereits zuvor erläuterten Megatrends, diverse Studien untersucht, die die aus den Megatrends resultierenden zukünftigen Herausforderungen an die Wohnungswirtschaft beschreiben. Diesen Herausforderungen konnten zum einen die daraus entstehenden Risiken gegenübergestellt werden und zum anderen diejenigen Eigenschaften und Merkmale, die über die Ausprägung der Risiken bestimmen. Im letzten Schritt wurde aufgezeigt, wie diese Eigenschaften und Merkmale durch entsprechende Indikatoren operationalisiert werden können.

Aufbauend auf den identifizierten Eigenschaften, Merkmalen und Indikatoren wurden die Wechselwirkungen zwischen Aspekten der Umwelt und des Gebäudes im Zeitverlauf erläutert. In diesem Abschnitt konnten über die inhaltliche Weiterentwicklung hinaus konzeptionelle Weiterentwicklungsvorschläge hinsichtlich einer Regionalisierung und Dynamisierung der qualitativen Risikobewertung aufgezeigt werden.

Des Weiteren wurde mit der VÖB-Immobilienanalyse ein in der Praxis erprobtes Bewertungsverfahren untersucht. Dabei konnte gezeigt werden, dass auch durch ein bestehendes Verfahren die Risikorelevanz nachhaltigkeitsbezogener Einflussfaktoren abgebildet werden kann. Weitere neue Nachhaltigkeitsbewertungsverfahren für Gebäude wurden bezüglich ihrer Eignung zur Bewertung von gebäudebezogenen Risiken untersucht. In diesem Zusammenhang konnten derartige Bewertungsverfahren von ebenfalls relativ neuen Nachhaltigkeitszertifizierungsverfahren abgegrenzt werden.

Mithilfe der gewonnen Erkenntnisse wurde aufgezeigt, wie Nachhaltigkeitsaspekte schrittweise in ein bestehendes Scoring-Verfahren integriert werden können. Die praktische Umsetzbarkeit konnte, insbesondere hinsichtlich der inhaltlichen Aspekte, mithilfe eines von einem großen Wohnungsunternehmen angewendeten Systems nachgewiesen werden. Die aufgezeigten konzeptionellen Weiterentwicklungspotenziale konnten, aus Gründen unzureichender Informationsgrundlagen, im Umsetzungsbeispiel nicht berücksichtigt werden.

Teil E

Zusammenfassung und Ausblick

1 Zusammenfassung

Die vorliegende Arbeit beschäftigt sich mit den theoretischen Weiterentwicklungspotenzialen der qualitativen Risikobewertung von Immobilien vor dem Hintergrund einer sich verändernden Umwelt oder anders ausgedrückt, mit der Integration von Nachhaltigkeitsaspekten in die qualitative Immobilienrisikobewertung.

Die Arbeit gliedert sich in insgesamt fünf Teile. In Teil A wurde die Ausgangsbasis und der Lösungsweg beschrieben. Teil B befasste sich im Sinne eines Grundlagenteils mit den im Kontext dieser Arbeit relevanten Megatrends. Durch die Erläuterung der Megatrends konnte die Dynamik des Veränderungsprozesses unserer Umwelt verdeutlicht werden. Insbesondere wurden diejenigen Trends betrachtet, die Auswirkungen auf unser aktuelles und zukünftiges Wohnen und Arbeiten haben. Neben der Betrachtung der Auswirkungen konnte in diesem Teil durch das Herausstellen der zeitlichen Dynamik und der regionalen Ausdifferenziertheit des Megatrends ein wichtiger Baustein für das weitere Vorgehen identifiziert werden. Ein weiterer wichtiger Arbeitsschritt im Bereich der Grundlagen war das Aufzeigen der spezifischen Besonderheiten des Wirtschaftsgutes Immobilie und der Immobilienmärkte.

Die Grundlagen des immobilienspezifischen Risikomanagements wurden in Teil C erläutert. Die Prozesse Risikoidentifikation, Risikoanalyse und Risikobewertung wurden schwerpunktmäßig betrachtet. Im Abschnitt Risikoidentifikation wurde u. a. auf risikorelevante Immobilieninformationen eingegangen. Speziell die verschiedenen Beschreibungstypologien und der Wirkungszusammenhang mit Risiken ist ein Bereich, der in bisherigen Arbeiten in diesem Themenfeld kaum Beachtung gefunden hat. Im darauffolgenden Abschnitt Risikoanalyse wurde u.a. auf Wirkungszusammenhänge zwischen Risiken eingegangen. Die Betrachtung der Wirkungszusammenhänge und Einflussfaktoren hat gezeigt, dass die verschiedenen Risiken in einem sehr engen und komplexen Geflecht von Wirkungszusammenhängen stehen. Die aufgezeigten Risikoanalysemethoden konnten in zwei Gruppen unterteilt werden: Zum einen in Methoden die bereits eine Einteilung, Gewichtung oder Wertung vornehmen (Stärken-/Schwächenanalyse, Sensitivitätsanalyse und Szenarioanalyse) und zum anderen die Due Diligence Methode, die durch die Erfassung aller relevanten Eigenschaften und Merkmale versucht, ein möglichst genaues Bild eines Betrachtungsgegenstandes zu zeichnen. Die Vorgehensweise des Due Diligence wird dem umfassenden Informationsbedarf als Grundlage für eine Risikobewertung im Vergleich zu anderen Verfahren am ehesten gerecht. Im Abschnitt Riskobewertung wurden quantitative und qualitative Methoden zur Risikobewertung diskutiert und in Abgleich mit den spezifischen Besonderheiten von Immobilien, ein qualitatives Verfahren empfohlen. Es wurde eine auf einer Literaturrechwerche basierende Liste mit Anforderungen an ein Risikobewertungsverfahren vorgestellt. Auf diesen Anforeruingen basierend wurde ein Scoring-Verfahren eingeführt. Der theoretische Ablauf des Verfahrens konnte erläutert werden. Im weiteren Verlauf des Teils C konnte in kompakter Weise auf die Risikosteuerung und die Risikokontrolle eingegangen werden. Den Abschluss des Teils C bildet eine kurze Einordnung des Risikomanagements in den aktuellen Stand der Forschung.

In Teil D der Arbeit wurden unterschiedliche Veröffentlichungen untersucht, die die aus den Megatrends resultierenden zukünftigen Anforderungen an die Wohnungswirtschaft beschreiben. Diesen Anforderungen konnten zum einen die daraus resultierenden Risiken und zum anderen diejenigen Eigenschaften und Merkmale die über die Ausprägung der Risiken bestimmen, gegenübergestellt werden. In einem weiteren Schritt wurde aufgezeigt wie diese Eigenschaften und Merkmale durch entsprechende Indikatoren operationalisiert werden können. Aufbauend auf den identifizierten Eigenschaften, Merkmalen und Indikatoren wurden die Wechselwirkungen zwischen Aspekten der Umwelt und des Gebäudes im Zeitverlauf erläutert. In diesem Abschnitt konnten über die inhaltliche Weiterentwicklung hinaus konzeptionelle Weiterentwicklungsvorschläge hinsichtlich einer Regionalisierung und Dynamisierung der qualitativen Risikobewertung aufgezeigt werden. Des Weiteren wurde mit der VÖB-Immobilienanalyse ein in der Praxis erprobtes Bewertungsverfahren untersucht. Dabei konnte gezeigt werden, dass auch durch ein bestehendes Verfahren die Risikorelevanz nachhaltigkeitsbezogener Einflussfaktoren abgebildet werden kann. Weitere, betriebswirtschaftlich orientierte Nachhaltigkeitsbewertungsverfahren für Gebäude wurden bezüglich ihrer Eignung zur Bewertung von gebäudebezogenen Risiken untersucht. In diesem Zusammenhang wurden die Bewertungsverfahren von ebenfalls relativ neuen Nachhaltigkeitszertifizierungsverfahren abgegrenzt. Diese Abgrenzung war notwendig, da beide Methoden sich konzeptionell stark ähneln. Mithilfe der gewonnenen Erkenntnisse wurde aufgezeigt, wie Nachhaltigkeitsaspekte schrittweise in ein bestehendes Scoring-Verfahren integriert werden können. Die praktische Umsetzbarkeit wurde, insbesondere hinsichtlich der inhaltlichen Aspekte, mithilfe eines von einem großen Wohnungsunternehmen angewendeten Systems nachgewiesen. Die aufgezeigten konzeptionellen Weiterentwicklungspotenziale konnten, aus Gründen unzureichender Informationsgrundlagen, im Umsetzungsbeispiel nicht berücksichtigt werden.

2 Ausblick

In den vorangegangenen Kapiteln wurde die Vorgehensweise zur Integration von Nachhaltigkeitsaspekten in ein Scoring-Verfahren zur Bewertung von Risiken dargelegt und anschließend auf das Praxisbeispiel übertragen. Die zentrale Herausforderung dabei besteht in der Anpassung der Gewichtungen für die einzelnen Kriterien. Bisher wurde diese auf Basis von Erfahrungswerten des Autors durchgeführt, was die Gefahr einer gewissen Subjektivität der Ergebnisse birgt. Die Voraussetzung für die Anwendung von statistischen Methoden ist eine ausreichende Grundgesamtheit relevanter Datensätze. Im Bereich der Risikobewertung von Gebäuden und Gebäudebeständen wird diese Voraussetzung momentan nicht hinreichend erfüllt. Es ist davon auszugehen, dass sich diese Situation in Zusammenhang mit der Etablierung von Verfahren zur Nachhaltigkeitszertifizierung von Gebäuden, in Zukunft ändern und damit eine Grundgesamtheit von Informationen zur Verfügung stehen wird, die eine statistische Auswertung zulässt.

Die in Teil D der Arbeit herausgearbeiteten, aus den Megatrends resultierenden Herausforderungen für die Wohnungswirtschaft können im Sinne von objektspezifischen Strategien zur Risikovermeidung wichtige Hinweise liefern den Gebäudebestand zukunftsfähig anzupassen bzw. bei Neuentwicklungen die Möglichkeit einer späteren Anpassbarkeit vorzusehen. Die Herausforderung liegt darin, für verschiedene Marktänderungsszenarien unterschiedliche kostengünstige Anpassungsstrategien im Gebäude realisieren zu können. Die in Teil D zitierten Forschungsergebnisse und Studien vor allem aus dem Bereich der Demographie können wertvolle Hinweise liefern, bei welchen Teilbeständen eines Immobilienportfolios welche zukünftigen Marktänderungsszenarien realistisch sind.[271]

Die Grundlage für die in dieser Arbeit aufgezeigten Vorgehensweisen bildet die Verfügbarkeit umfassender gebäudebezogener Informationen. Die systematische Erfassung und Strukturierung lebenszyklusbegleitender Informationen wird daher in diesem Kontext in Zukunft an Bedeutung gewinnen.[272]

---

[271]Vgl. Lützkendorf/Rohde 2010, S. 10.
[272]Vgl. Rohde/Lützkendorf Juni 2010, S. 10.

Literaturverzeichnis

Achleitner, Ann-Kristin: Existenzgründerrating: Rating junger Unternehmen. 1. Auflage. Wiesbaden: Gabler [u.a.], 2004 ⟨http://www.gbv.de/du/services/toc/bs/376085053⟩, ISBN 9783409125727

Alda, Willi/Hirschner, Joachim: Projektentwicklung in der Immobilienwirtschaft: Grundlagen für die Praxis. Teubner, 2005, ISBN 3519005271

Allendorf, Georg J./Kurzrock, Björn-Martin: Portfoliomanagement mithilfe qualitativer Modelle. Handbuch Immobilien-Portfoliomanagement, 2007, S. 121–144

Allendorf, Georg Josef/Schulte, Karl-Werner: Immobilienökonomie. München, 2000

Allendorf, Georg Josef/Schulte, Karl-Werner: Immobilienökonomie. 4. Auflage. München: Oldenbourg, 2008, Volkswirtschaftliche Grundlagen ⟨http://www.gbv.de/dms/zbw/5 26797452.pdf⟩, ISBN 9783486583977

APUG NRW: Aktionsprogramm Umwelt und Gesundheit Nordrhein-Westfalen: Umweltzeichen für Bauprodukte: Bauprodukte gezielt auswählen – eine Entscheidungshilfe. Oktober 2004 ⟨http://www.apug.nrw.de/pdf/bauprodukte.pdf⟩

Aring, Jürgen: Stadt-Umland-Wanderung und die Ausdifferenzierung der Wohnungsmärkte. 2003 ⟨http://www.aring-bfag. de/pdf-dokumente/Aring_2003_vhw_5_2003.pdf⟩

Beck, Ulrich: Risikogesellschaft: Auf dem Weg in eine andere Moderne. Band 1365 = n. F., Bd. 365, Edition Suhrkamp. 1. Auflage. Frankfurt am Main: Suhrkamp, 1986, ISBN 3518113658

Becker, Fred G./Fallgatter, Michael J.: Strategische Unternehmungsführung: Eine Einführung; mit Aufgaben und Lösungen. 3. Auflage. Berlin: E. Schmidt, 2007, ESV.basics ⟨http://www.gbv.de/dms/bsz/toc/bsz271552026inh.pdf⟩, ISBN 9783503106042

Becker, Heide/Löhr, Rolf Peter: „Soziale Stadt": Ein Programm gegen die sozialräumliche Spaltung in den Städten. Politik und Zeitgeschichte, 2000, S. 22–29

Beinert, Claudia: Bestandsaufnahme Risikomanagement. Risikomanagement und Rating, 2003, S. 21–41

Belarbi, David: Die Finanzierung von Immobilien bei institutionellen Investoren in Deutschland. Norderstedt: GRIN Verlag, 2007, ISBN 3638917126

BMAS: Nationale Strategie zur gesellschaftlichen Verantwortung von Unternehmen (Corporate Social Responsibility – CSR): – Aktionsplan CSR – der Bundesregierung. Berlin, 06.10.2010 ⟨http://www.csr-in-deutschland.de/portal/generator/150 40/property=data/2010__10__06__aktionsplan__csr.pdf⟩

BMBF: Wie werden wir in Zukunft leben? Forschungsprogramm – Bauen und Wohnen im 21. Jahrhundert. 2000 ⟨http://ww w.bmbf.de/_media/press/bauwoh.pdf⟩

BMBF: Berichterstattung zur sozio-ökonomischen Entwicklung in Deutschland: Arbeit und Lebensweisen. 2005 ⟨http://www. bmbf.de/de/4700.php⟩

BMU: Dem Klimawandel begegnen: Die Deutsche Anpassungsstrategie. März 2009 ⟨http://www.bmu.de/files/pdfs/allg emein/application/pdf/broschuere_dem_klimawandel_b egegnen_bf.pdf⟩

BMVBS: Bericht über die Wohnungs- und Immobilienwirtschaft in Deutschland. Berlin, 2009a

BMVBS: Bewertungssystem nachhaltiges Bauen (BNB) Neubau Büro und Verwaltungsgebäude. 2009b ⟨http://www.nachhaltigesbauen.de/fileadmin/Runder Tisch/steckbriefe-2010/312.pdf⟩

BMVBS: Hausakte: Für den Neubau von Einfamilienhäusern. Januar 2004 ⟨http://www.kompetenzzentrum-bauen.de/fil eadmin/user_upload/dokumente/Broschueren/hausakte .pdf⟩

BMVBS / BBSR: Ursachen und Folgen des Klimawandels durch urbane Konzepte begegnen: Skizzierung einer klimawandelgerechten Stadtentwicklung. Bonn, 21.09.2009

BMWi / BMU: Energiekonzept: für eine umweltschonende, zuverlässige und bezahlbare Energieversorgung. Berlin, 28. September 2010 ⟨http://www.bmu.de/files/pdfs/allgemei n/application/pdf/energiekonzept_bundesregierung.pdf⟩

Bone-Winkel, Stephan: Das strategische Management von offenen Immobilienfonds unter besonderer Berücksichtigung der Projektentwicklung von Gewerbeimmobilien: European Business School, Diss. Oestrich-Winkel, 1994. Band 1,

Schriften zur Immobilienökonomie. Köln: Müller, 1994 ⟨ht
tp://www.gbv.de/dms/hbz/toc/ht006319612.PDF⟩, ISBN
3481008074

Bradler, Andreas: Immobilienspezifisches Riskmanagement in
der Kommune – ein Ansatz zur Bewältigung anstehender
öffentlicher Aufgaben im Spannungsfeld zwischen Versor-
gungsauftrag und sinkenden Kassen. Riskmanagement im
Immobilienbereich, 2004, S. 241–255

Brauer, Kerry-U.: Grundlagen der Immobilienwirtschaft: Recht –
Steuern – Marketing – Finanzierung – Bestandsmanagement
– Projektentwicklung. Wiesbaden, 2006 ⟨http://dx.doi.org
/10.1007/978-3-8349-9074-7⟩

Braun, G./Müller, H.: Analyse innerstädtischer Wanderungen –
Theorien und Methoden der Sozial- und Faktorökologie. In
Elsner, Eckert (Hrsg.): Demographische Planungsinforma-
tionen. Berlin: Kulturbuch-Verlag, 1979, S. 239–277

Bröker, Udo/Vetter, Kathrin: Immobilientransaktionen: Belastba-
re Informationen mindern das Risiko. Immobilien Zeitung,
2005 Nr. 8, S. 12

Bucher, Hansjörg: Raumordnungsprognose 2025. Bonn, 2008 ⟨ht
tp://nbn-resolving.de/urn:nbn:de:0093-BBK0208E111⟩

Buchner, Hansjörg/Schlömer, Claus/Lackmann, Gregor: Die Bevölkerungsentwicklung in den Kreisen der Bundesrepublik
Deutschland zwischen 1990 und 2020. 2004

Bulwien, Hartmut: Anforderungen des Immobilienmarktes an
Standortgutachten. Handbuch Immobilienwirtschaft, 2001,
S. 269–293

Bundesanstalt für Finanzdienstleistungsaufsicht: Mindestanforderungen an das Risikomanagement (BA): MaRisk (BA). ⟨http://www.bundesbank.de/download/bankenauf sicht/pdf/marisk/090814_rs.pdf⟩

Bundesministerium der Finanzen: Basel III. ⟨http://www.bund esfinanzministerium.de/nn_39808/DE/BMF__Startseite/Se rvice/Glossar/B/022__Basel__III.html⟩

Bundesministerium der Justiz: Bürgerliches Gesetzbuch: BGB. ⟨http://www.gesetze-im-internet.de/bundesrecht/bgb/g esamt.pdf⟩

Bundesministerium der Justiz: Gesetz über das Inverkehrbringen von und den freien Warenverkehr mit Bauprodukten zur Umsetzung der Richtlinie 89/106/EWG des Rates vom 21. Dezember 1988 zur Angleichung der Rechts- und Verwaltungsvorschriften der Mitgliedstaaten über Bauprodukte und anderer Rechtsakte der Europäischen Gemeinschaften (Bauproduktengesetz – BauPG): BauPG. ⟨http://www.ce-ric htlinien.eu/richtlinien/Bauprodukte/Gesetze/BauPG.pdf⟩

Bundesministerium der Justiz: Gesetz zur Förderung der Kreislaufwirtschaft und Sicherung der umweltverträglichen Beseitigung von Abfällen (Kreislaufwirtschafts- und Abfallgesetz – KrW-/AbfG): (Kreislaufwirtschafts- und Abfallgesetz – KrW-/AbfG). ⟨http://www.gesetze-im-internet.de/krw-_ abfg/index.html⟩

Bundesministerium der Justiz: Gesetz zur Förderung Erneuerbarer Energien im Wärmebereich (Erneuerbare-Energien-Wärmegesetz – EEWärmeG): EEWärmeG. ⟨http://bundesre cht.juris.de/bundesrecht/eew_rmeg/gesamt.pdf⟩

Bundesministerium der Justiz: Verordnung über die Grundsätze für die Ermittlung der Verkehrswerte von Grundstücken: Immobilienwertermittlungsverordnung – Immo-WertV. ⟨http://www.gesetze-im-internet.de/bundesrecht/i mmowertv/gesamt.pdf⟩

Bundesministerium der Justiz: Verordnung über die verbrauchsabhängige Abrechnung der Heiz- und Warmwasserkosten (Verordnung über Heizkostenabrechnung – HeizkostenV): HeizkostenV. ⟨http://bundesrecht.juris.de/bundesr echt/heizkostenv/gesamt.pdf⟩

Bundesministerium der Justiz: Verordnung zur Änderung der Energieeinsparverordnung: EnEV 2009. ⟨http://www.bmvbs.de/cae/servlet/contentblob/348 50/publicationFile/1044/enev-2009-aenderungsverordnun g-nicht-amtliche-fassung.pdf⟩

Bundesministerium für Verkehr, Bau und Stadtentwicklung: Verordnung zur Änderung der Energieeinsparverordnung: EnEV 2009. ⟨http://www.bmvbs.de/cae/servlet/contentbl ob/34854/publicationFile/11049/enev-2009-lesefassung-n icht-amtliche-fassung.pdf⟩

Bureau Veritas: Green Rating. 2007 ⟨http://www.bureauveritas. com/wps/wcm/connect/bv_com/Group/Home/Your-In dustry/Construction-And-Real-Estate/Green_Rating/⟩

Bürkner, Hans-Joachim et al.: Der demographische Wandel und seine Konsequenzen für Wohnungsnachfrage, Städtebau und Flächennutzung. Erkner, März 2007

CEDIM Risk Explorer: CEDIM Risk Explorer Germany. ⟨ht tp://cedim.gfz-potsdam.de/riskexplorer/⟩ – Zugriff am 16.03.2011

Christa, Harald: Grundwissen Sozio-Marketing: Konzeptionelle und strategische Grundlagen für soziale Organisationen. Wiesbaden, 2010 ⟨http://dx.doi.org/10.1007/978-3-531-924 38-0⟩

Deloitte Consulting GmbH: Software Exposé innosys Real Estate Business Inteligence. ⟨http://www.sgupdate.com/progs/e xpose.php?id=3gpXrjZGbHue%2Fqd1fJsg%2Fi⟩

Deutsche Bank Research: Bauen als Klimaschutz: Warum die Bauwirtschaft vom Klimawandel profitiert. Frankfurt am Main, 09.10.2008 ⟨http://www.db.com/mittelstand/downl oads/ResearchStudie_Klimaschutz_091008.pdf⟩

Deutscher Bundestag: Entwurf eines Gesetzes zur Kontrolle und Transparenz im Unternehmensbereich: KonTrag. ⟨http://di p21.bundestag.de/dip21/btd/13/097/1309712.pdf⟩

Dietrich, Reinhard: Entwicklung werthaltiger Immobilien: Einflussgrößen – Methoden – Werkzeuge. 1. Auflage. Stuttgart: Teubner, 2005, ISBN 3519004992

Eekhoff, Johann et al.: Zur Ökonomisierung der Immobilienwirtschaft – Entwicklungen und Perspektiven: Bericht der Kommission des Deutschen Verbandes für Wohnungswesen, Städtebau und Raumordnung e.V. im Auftrag des Bundesministeriums für Verkehr, Bau und Stadtentwicklung. 2007 ⟨www.bbsr.bund.de/.../KommissionsberichtImmobilienwi rtschaft.../KommissionsberichtImmobilienwirtschaft.pdf⟩

Elvers, Horst-Dietrich/Lenz, Karl: Lebenslage, Umwelt und Gesundheit: Der Einfluss sozialer Faktoren auf die Entstehung von Allergien /. 1. Auflage. Wiesbaden: Dt. Univ.-Verl, 2005 ⟨http://www.gbv.de/dms/hbz/toc/ht014513967.pdf⟩, ISBN 3835060074

ESI: Der Nachhaltigkeit von Immobilien einen finanziellen Wert geben: Economic Sustainable Indicators (ESI): Zusammenfassender Bericht Grundlagen und Mehrfamilienhäuser. 2007 ⟨http://www.ccrs.uzh.ch/images/esi_publikation .pdf⟩

Everling, Oliver/Jahn, Olaf/Kammermeier, Elisabeth: Rating von Einzelhandelsimmobilien: Qualität, Potenziale und Risiken sicher bewerten. Rating von Einzelhandelsimmobilien, Qualität, Potenziale und Risiken sicher bewerten, herausgeben von Oliver Everling, Olaf Jahn, Elisabeth Kammermeier, 2009 ⟨http://dx.doi.org/10.1007/978-3-8349-8091-5⟩

Feess, Eberhard/Günther, Edeltraud: Gabler Wirtschaftslexikon. ⟨http://wirtschaftslexikon.gabler.de/Archiv/16701/u mwelt-v8.html⟩

Frehse, Jörg/Weiermair, Klaus/Baurmann, Jürgen: Hotel Real Estate Management: Grundlagen, Spezialbereiche, Fallbeispiele. Berlin: Schmidt, 2007 ⟨http://www.gbv.de/dms/bsz /toc/bsz273467107inh.pdf⟩, ISBN 9783503106417

Fuerst, Franz/McAllister, Patrick: New Evidence on the Green Building Rent and Price Premium: Paper presented at the Annual Meeting of the American Real Estate Society, Monterey, CA, April 3, 2009. ⟨http://www.immobilierdurable.eu /images/2128_uploads/Fuerst_New_paper.pdf⟩

Füser, Karsten: Intelligentes Scoring und Rating: Moderne Verfahren zur Kreditwürdigkeitsprüfung. 1. Auflage. Wiesbaden: Gabler, 2001 ⟨http://www.gbv.de/dms/hbz/toc/ht0131068 66.pdf⟩, ISBN 3409118160

Gänßmantel, Jürgen/Geburtig, Gerd/Schau, Astrid: Sanierung und Facility Management: Nachhaltiges Bauinstandhalten und Bauinstandsetzen. 1. Auflage. Wiesbaden: Teubner, 2005 ⟨http://www.gbv.de/dms/hebis-darmstadt/toc /134372751.pdf⟩, ISBN 3519004747

GdW: Wohntrends 2020: Studie; [Wohnkonzepte, Struktur und Wohnkaufkraft der Haushalte in Deutschland – ein Modell für die Praxis; Schlussfolgerungen und Handlungsmöglichkeiten für die Wohnungswirtschaft]. Band 3, GdW-Branchenberichte. Hamburg: Hammonia-Verl. Fachverl. für die Wohnungswirtschaft, 2008 ⟨http://www.gd w.de/index.php?mod=article_details&id_art=1898⟩, ISBN 9783872923035

Gleißner, Werner/Romeike, Frank: Risikomanagement: Umsetzung, Werkzeuge, Risikobewertung; Controlling, Qualitätsmanagement und Balanced Scorecard als Plattform für den Aufbau. 1. Auflage. Freiburg im Breisgau: Haufe, 2005, ISBN 344806209

Gondring, Hanspeter: Immobilienwirtschaft: Handbuch für Studium und Praxis. München: Vahlen, 2004, ISBN 3800629895

Gondring, Hanspeter: Risiko Immobilie: Methoden und Techniken der Risikomessung bei Immobilieninvestitionen. 1. Auflage. München: Oldenbourg, 2007 ⟨http://deposit.d-nb.de/cgi-bin/dokserv?id=2912653& prov=M&dok_var=1&dok_ext=htm⟩, ISBN 9783486583045

Greiving, Stefan et al.: Ursachen und Folgen des Klimawandels durch urbane Konzepte begegnen. 2009 ⟨http://www.bbsr.bund.de/nn_23582/BBSR/DE/Vero effentlichungen/BBSROnline/2009/ON222009.html⟩

Haas, Stefan: Modell zur Bewertung wohnwirtschaftlicher Immobilien-Portfolios unter Beachtung des Risikos: Entwicklung eines probabilistischen Bewertungsmodells mit quantitativer Risikomessung als integralem Bestandteil. Wiesbaden: Gabler Verlag / Springer Fachmedien, 2010 ⟨http://dx.doi.org/10.1007/978-3-8349-6056-6⟩, ISBN 9783834960566

Hamedinger, Alexander: Sozial-räumliche Polarisierung in Städten: Ist das „Quartiersmanagement" eine geeignete stadtplanerische Antwort auf diese Herausforderung? SWS-Rundschau, 42 2002 Nr. 1, S. 122–138

Hannemann, Christine/Läpple, Dieter: Zwischen Reurbanisierung, Suburbanisierung und Schrumpfung: Ökonomische Perspektiven der Stadtentwicklung in West und Ost. 2004 ⟨http://www.kommunale-info.de/index.html?/i nfothek/2313.asp⟩

Hellerforth, Michaela: BWL für die Immobilienwirtschaft. München: Oldenbourg Verlag, 2007, ISBN 9783486584196

Hellerforth, Michaela: Immobilieninvestition und -finanzierung kompakt. München: Oldenbourg, 2008 ⟨http://www.gbv.de /dms/zbw/562969535.pdf⟩, ISBN 3486587005

Henzelmann, Torste/Büchele, Ralph/Engel, Michael: Nachhaltigkeit im Immobilienmanagement: Kurzfassung der Studie. April 2010 ⟨http://www.rolandberger.com/media/pdf/Ro land_Berger_Nachhaltigkeit_im_Immobilienmanagement_f inal_20100401.pdf⟩

Holthausen, Niels/Meins, Erika/Christen, Peter: Risiko- und chancenbasierte Integration von Nachhaltigkeitsmerkmalen in die Immobilienbewertung: Modellentwicklung zur Gewichtung des ESI-Indikators. Juni 2009 ⟨http://www.ccrs.u zh.ch/images/wp0109_holthausen_meins_christen.pdf⟩

Huther, Andreas: Integriertes Chancen- und Risikomanagement: Zur ertrags- und risikoorientierten Steuerung von Real- und Finanzinvestitionen in der Industrieunternehmung: Diss. Augsburg, 2003. Wiesbaden: Dt. Univ.-Verl., 2003, Gabler Edition Wissenschaft, ISBN 3824479117

HVB Expertise GmbH/Trotz, Raymond (Hrsg.): Immobilien-Markt- und Objektrating: Ein praxiserprobtes System für die Immobilienanalyse. Immobilien Manager Verlag IMV, 2004, ISBN 3899841115

Immobilien Zeitung: Nachhaltige Immobilienwerte: Experten tüfteln an Nachhaltigkeitsformel. Immobilien Zeitung 2009 04.06.2009 Nr. 22

IPCC: Climate Change 2007: Synthesis Report: Synthesis Report. 2007 ⟨http://www.ipcc.ch/pdf/assessment-report/ar 4/syr/ar4_syr.pdf⟩

Ittershagen, Martin: Umweltbewusstsein der Deutschen auf hohem Niveau: Bundesumweltministerium und UBA legen neue Studie vor. Dessau-Roßlau, 2008 ⟨http://www.umwelt bundesamt.de/uba-info-presse/2008/pdf/pd08-085_umw eltbewusstsein_der_deutschen_auf_hohem_niveau.pdf⟩

Jaeger, Christian: IFRS-Controlling von Wohnungsunternehmen: Ein Beitrag zum wertorientierten Bestandsmanagement in der Wohnungswirtschaft: Diss. Karlsruhe, 2009. Band 3, Karlsruher Schriften zur Bau-, Wohnungs- und Immobilienwirtschaft. Karlsruhe: KIT Scientific Publ., 2009 ⟨http:// digbib.ubka.uni-karlsruhe.de/volltexte/1000015488⟩, ISBN 9783866444430

Jedem, Ulrike: Immobilienrating: Überlegungen zur Risikoeinschätzung bei Immobilien aus Sicht der Kapitalgeber: Diss.

Freiburg (Breisgau), 2005. Band 2, Finanzmärkte und Immobilienwirtschaft. 1. Auflage. Freiburg, Breisgau: Rombach, 2006 ⟨http://www.gbv.de/dms/hbz/toc/ht014879385.pdf⟩, ISBN 3793094731

Jenkis, Helmut W.: Kompendium der Wohnungswirtschaft. Oldenbourg, 2001, ISBN 3486256882

Jeschke, Markus A./Münter, Angelika: „Gemeindescharfe Analyse der prognostizierten Einwohnerentwicklung und der demographischen Alterungsprozesse im Verbandsgebiet des RVR auf der Grundlage der Prognosedaten der Bertelsmann Stiftung". Duisburg und Dortmund, 2007

Junge, Matthias: Individualisierung. Frankfurt/Main: Campus-Verl., 2002, Campus-Einführungen ⟨http://www.gbv.de/dms/hebis-darmstadt/toc/10402545X.pdf⟩, ISBN 9783593370255

Kats, G.: The costs and financial benefits of Green Buildings: a report to California's sustainable building task force, Auf den Seiten von Green Communities Initiative. 2003

Kippes, Stephan: Immobilienmanagement: Handbuch für professionelle Immobilienbetreuung und Vermögensverwaltung / hrsg. von Stephan Kippes. Stuttgart: Boorberg, 2005, ISBN 3415034070

Kirig, Anja/Rauch, Christian/Dr. Wenzel, Eike: Zielgruppe Lohas: Wie der grüne Lifestyle die Märkte erobert. ⟨http://www.zukunftsinstitut.de/verlag/studien_detail.php?nr=55⟩

Knust, Anna: Darstellung und kritische Analyse des Risikomanagements in der unternehmerischen Wohnungswirtschaft. GRIN Verlag, 2005

Kommission der europäischen Gemeinschaft: Weissbuch – Anpassung an den Klimawandel: Ein europäischer Aktionsrahmen,. 2009 ⟨http://eur-lex.europa.eu/LexUriServ /LexUriServ.do?uri=COM:2009:0147:FIN:DE:PDF⟩

Kook, Heiner: Strategisches Portfoliomanagement in der Immobilienwirtschaft: Ein Leitfaden für Theorie und Praxis. 1. Auflage. Hamburg: Hammonia-Verl., 2003, ISBN 3872921584

Korcz, Richard/Schlömer, Claus: Perspektiven internationaler Wanderungen und demographische Heterogenisierung in den Regionen Deutschlands. 2008 ⟨www.bbsr.bund.de/nn_ 23688/.../3.../DL_korczschloemer.pdf⟩

Kottmeier, Christoph: Klimawandel und Anpassung – aber an was eigentlich anpassen? Nachhaltiges Bauen im Kontext des Klimawandels. Karlsruhe, 27.7.2010

Kristof, Kora et al.: Ziel-Indikator-System Nachhaltig Bauen und Sanieren mit Holz. 2006 ⟨http://www.holzwende2020.de/c ustom/user/Basis-Studie/Ziel-Ind-System_Wupperinst.p df⟩

Kühne-Büning, Lidwina: Die Grundlagen der Wohnungs- und Immobilienwirtschaft: Vormals „Lehrbuch der Wohnungswirtschaft". 4. Auflage. Hamburg: Hammonia-Verl. [u.a.], 2005, ISBN 3872921894

Kujath, Joachim/Schmidt, Suntje: Wissensökonomie und die Entwicklung von Städtesystemen. 2007 ⟨http://www.irs-net .de/download/wp_staedtesysteme.pdf⟩

Landesgesundheitsamt Baden-Württemberg: 80 bis 90 Prozent unserer Zeit verbringen wir in Innenräumen –

Arbeits- und Sozialminister Andreas Renner: Schad-stoffbelastung muss hier rückläufig werden. 14.11.2005 ⟨http://www.gesundheitsamt-bw.de/oegd/Fachservice/Pr essearchiv/Seiten/ShowDetails.aspx?itemId=27&itemList =9cd0a1d7-bf14-4503-be08-8242db57081e⟩

Lange, Bettina: Immobilienrating: Modell zur Analyse von Aus-fallrisiken immobilienwirtschaftlicher Kreditengagements. Band 9, Immobilienmanagement. Norderstedt: Books on De-mand, 2005, ISBN 3833437987

Lausberg, Carsten: Das Immobilienmarktrisiko deutscher Ban-ken. Wissenschaft & Praxis, 2001, ISBN 3896731122

Lechelt, Stephan: Risikomanagement in der Wohnungswirtschaft. 2001 ⟨http://www.altmeppen.de/pdf/Lechelt-Risikomana gement%20in%20der%20Wohnungswirtschaft.pdf⟩

Lechner, Robert: Immo-Rate: Leitfaden für das Immobilienrating nachhaltiger Wohnbauten. Wien: Österreichisches Ökologie Institut, 2006, ISBN 9783901269141

Lehner, Claus: Erfolgreiches Portfolio- und Asset Management für Immobilienunternehmen: Die 8 Werthebel: Diss. Freiburg i. Br., 2010. 1. Auflage. Wiesbaden: IZ Immobilienzeitung, 2010, Immobilien Zeitung Edition ⟨http://www.gbv.de/dms/z bw/621488011.pdf⟩, ISBN 394021910X

Lohse, Moritz/Pfnür, Andreas: EWOWI zwanzig zehn – Erfolgs-potenziale der Wohnungswirtschaft 2010. Darmstadt, 2008

Lutz, Ulrich/Klaproth, Thomas: Riskmanagement im Immobi-lienbereich: Technische und wirtschaftliche Risiken. Ber-lin: Springer, 2004, Engineering online library ⟨http://ww

w.gbv.de/dms/hebis-darmstadt/toc/118773577.pdf⟩, ISBN
3540140433

Lützkendorf, T./Lorenz, D.: Nachhaltigkeitsorientierte Investments im Immobilienbereich: Trends, Theorie und
Typologie. Oktober 2005 ⟨http://symposium.fbv.uni-karls
ruhe.de/10th/papers/Luetzkendorf_Lorenz%20-%20Nach
haltigkeitsorientierte%20Investments%20im%20Immobilien
bereich.pdf⟩

Lützkendorf, Thomas/Rohde, Christoph: Weiterentwicklung
von Instrumenten der Risikoanalyse und des Portfoliomanagements: Hilfsmittel zur Steuerung einer nachhaltigen Bestandsentwicklung. Die Wohnungswirtschaft, 63 2010 Nr. 8,
S. 51–53

Maier, Kurt M.: Risikomanagement im Immobilienwesen: Leitfaden für Theorie und Praxis. Frankfurt/Main: Knapp, 1999,
ISBN 3781906396

Maier, Kurt M./Graf, Karl Herbert: Risikomanagement im
Immobilien- und Finanzwesen: Ein Leitfaden für Theorie
und Praxis. 2. Auflage. Frankfurt am Main: Knapp, 2004,
ISBN 3831407568

Maier, Kurt M./Graf, Karl Herbert: Risikomanagement im
Immobilien- und Finanzwesen: Ein Leitfaden für Theorie und Praxis. 3. Auflage. Frankfurt am Main: Knapp,
2007 ⟨http://www.gbv.de/dms/bsz/toc/bsz273795716inh
.pdf⟩, ISBN 9783831408016

Mändle, Eduard/Galonska, Jürgen: Wohnungs- und Immobilien-
Lexikon. Hamburg: Hammonia-Verl., 1997, ISBN 3872920421

McNamara, Paul: Sustainability score-draw: Paul McNamara explains how meassuring environmental depreciation must, for the time being, rely on qualitative analysis. IPE Real Estate, 2010 Nr. July/August, S.32 ⟨http://edition.pagesuite-professional.co.uk/launch.aspx? referral=mypagesuite&pnum=&refresh=Rr3016QwdW02& EID=bd6702df-1038-4871-a167-3af83d0ce9c7&skip=*⟩

Mehlis, Jörg: Analyse des Datenentstehungsprozesses und Entwicklung eines Entscheidungsmodells für eine wirtschaftliche Vorgehensweise bei der lebenszyklusorientierten Immobiliendatenerfassung und -pflege. Norderstedt: Books on Demand, 2005, ISBN 3833429011

Miksch, Jan: Sicherungsstrukturen bei PPP-Modellen aus Sicht der öffentlichen Hand, dargestellt am Beispiel des Schulbaus: Diss. Berlin. Band 34, Bauwirtschaft und Baubetrieb. Berlin: Technische Universität Berlin, 2007, ISBN 9783798320369

Miller, N./Spivey, J./Florance, A.: Does Green Pay Off? 2008 ⟨http://www.costar.com/josre/pdfs/DoesGreenStillPayOf f.pdf⟩

Missler-Behr, Magdalena: Methoden der Szenarioanalyse: Diss. Augsburg, 1993. Wiesbaden: DUV, Deutscher Universitäts-Verlag, 1993, DUV Wirtschaftswissenschaft, ISBN 3824401738

Möller, Klaus Peter: Megatrends der Entwicklungen am Immobilienmarkt bis zum Jahr 2025 in Deutschland. Östrich-Winkel, 26.2.2010 ⟨http://ebs-immobilienkongress.de/ima ge/M%C3%B6ller%20Studie%2026.02.10%20End-1.pdf⟩

Müller, M. et al.: CEDIM Risk Explorer – a map server solution in the project "Risk Map Germany". Natural Hazards and Earth

System Sciences, 2006 Nr. 6, S. 711–720 ⟨http://www.nat-haz
ards-earth-syst-sci.net/6/711/2006/nhess-6-711-2006.pdf⟩

Naisbitt, John: Megatrends: 10 Perspektiven, d. unser Leben verändern werden; [Vorhersagen für morgen]. 6. Auflage. Hes-
tia: Bayreuth, 1986, ISBN 3777002704

Nemuth, Tilo: Risikomanagement bei internationalen Bauprojek-
ten. Band 6, Aus Forschung und Praxis. Renningen: Expert-
Verl., 2006 ⟨http://www.gbv.de/dms/bs/toc/505973235.pd
f⟩, ISBN 3816925693

Nitzsch, Rüdiger von: Entscheidungslehre: Wie Menschen entscheiden und wie sie entscheiden sollten. Stuttgart: Schäffer-
Poeschel, 2002, ISBN 3791020749

Ott-Laubach, Petra/Plattner, Dankwart: Beiträge zur
Mittelstands- und Strukturpolitik Nr. 40: Sonder-
band „Perspektiven der Wohnwirtschaft". 2008
⟨http://www.vdw-sachsen.de/uploads/media/A1703_
KfW-Studie_Juni_2008.pdf⟩

Pack, Jochen et al.: Zukunftsreport demographischer Wandel: In-
novationsfähigkeit in einer alternden Gesellschaft. Bonn,
2000

Peiß, S.: Kumulierte Risiken im Immobilien-
Finanzierungsportfolio der Banken und im Immobilien-
Anlageportfolio der Versicherungen: Theoretische Grundlagen und empirische Ergebnisse. Zeitschrift für Versiche-
rungswesen, 1999 Nr. 24, S. 812–818

Pfaff, Holger/Nellessen-Martens, Gisela/Scriba, Peter C.: Lehrbuch Versorgungsforschung: Systematik – Methodik – An-

wendung; mit 19 Tabellen; [input, throughput, output, outcome]. Stuttgart: Schattauer, 2011, ISBN 3794527976

Pfirsching, Frank: Portfoliotransaktionen von Selbstnutzern: Eine immobilienwirtschaftliche Analyse. Wiesbaden, 2007 ⟨http://dx.doi.org/10.1007/978-3-8350-5411-0⟩

Pfnür, Andreas: Betriebliche Immobilienökonomie. Heidelberg: Physica-Verl., 2002 ⟨http://www.gbv.de/dms/bsz/toc/bsz 098973347inh.pdf⟩, ISBN 3790814873

Picot, Gerhard/Bäzner, Bernd: Handbuch Mergers & Acquisitions: Planung, Durchführung, Integration. 4. Auflage. Stuttgart: Schäffer-Poeschel, 2008 ⟨http://www.gbv.de/dms/z bw/567027368.pdf⟩, ISBN 9783791027333

Plate, Erich J.: Naturkatastrophen: Ursachen – Auswirkungen – Vorsorge; mit 51 Abbildungen und 31 Tabellen. Stuttgart: Schweizerbart, 2001, ISBN 3510651952

Pöschl, Petra: Aufbau und Handhabung eines Risikomanagement-Systems. Riskmanagement im Immobilienbereich, 2004, S. 77–97

Prior, J./Szigetti, F./Oostinga, D.: Compendium of PB Statements of Requirements (SOR). Toronto, 2004

Raum, B.: Portfolio-Management: Due Diligence Real Estate. Immobilien und Finanzierung – Der langfristige Kredit, 2002 Nr. 5, S. 134–139

Reichling, Peter: Risikomanagement und Rating: Grundlagen, Konzepte, Fallstudie. 1. Auflage. Wiesbaden: Gabler, 2003 ⟨http://www.gbv.de/du/services/toc/bs/359562485⟩, ISBN 340912196

Reis, Johannes: Due-Diligence-Real-Estate: Strukturierter Analyseprozess zur ganzheitlichen Beurteilung von Immobilien. Norderstedt: GRIN Verlag, 2005

Rohde, Christoph/Lützkendorf, Thomas: Integration of Sustainablity Issues into Real Estate Risk Analysis as a Foundation of Real Estate Portfolio Management. Juni 2010

Romeike, Frank: Lexikon Risiko-Management. 1. Auflage. Köln: Bank-Verl., 2004, ISBN 3865560059

Romeike, Frank: Modernes Risikomanagement: Die Markt-, Kredit- und operationellen Risiken zukunftsorientiert steuern. 1. Auflage. Weinheim: Wiley-VCH, 2005 ⟨http://www.gbv.de/dms/bsz/toc/bsz112580033inh.pdf⟩, ISBN 352750124

Romeike, Frank/Hager, Peter: Erfolgsfaktor Risiko-Management 2.0: Methoden, Beispiele, Checklisten; Praxishandbuch für Industrie und Handel. 2. Auflage. Wiesbaden: Gabler, 2009 ⟨http://www.gbv.de/dms/zbw/560183003.pdf⟩, ISBN 9783834908957

Schäfer, Henry et al.: ImmoWert: Integration von Nachhaltigkeitsaspekten in die Wertermittlung und Risikobeurteilung von Einzelimmobilien und Gebäudebeständen; [Abschlussbericht zum Projekt; ein Gemeinschaftsprojekt der Partner: Universität Stuttgart, Karlsruher Institut für Technologie KIT (ehem. Universität Karlsruhe), LBBW-Immobilien]. Band 2753, Forschungsinitiative Zukunft BauF. Stuttgart: Fraunhofer-IRB-Verl., 2010, ISBN 9783816783114

Schäfers, Wolfgang: Strategisches Management von Unternehmensimmobilien: Bausteine einer theoretischen Konzeption und Ergebnisse einer empirischen Untersuchung. Diss. Immobilien Manager, 1997, ISBN 3932687248

Schmitz, Thorsten/Wehrheim, Michael: Risikomanagement: Grundlagen, Theorie, Praxis. Stuttgart: Kohlhammer, 2006 ⟨http://www.gbv.de/dms/ilmenau/toc/505964910.PDF⟩, ISBN 9783170193307

Schneider, Nicole: Lebensstile, Wohnraumbedürfnisse und räumliche Mobilität. Opladen: Leske + Budrich, 1999 ⟨http://www.gbv.de/dms/hebis-darmstadt/toc/60889179.pdf⟩, ISBN 3810022128

Schröder, Regina Wencke: Risikoaggregation unter Beachtung der Abhängigkeiten zwischen Risiken: Diss. Witten-Herdecke, 2005. Baden-Baden: Nomos, 2005, ISBN 9783832916398

Schulte, Karl-Werner: Handbuch Immobilien-Investition: Mit 32 Tabellen. Köln: Müller, 1998, Immobilien-Wissen ⟨http://www.gbv.de/dms/hbz/toc/ht008815082.pdf⟩, ISBN 3932687256

Schulte, Karl-Werner: Handbuch Immobilien-Projektentwicklung. 3. Auflage. Köln: Müller, 2008, Immobilien-Fachwissen ⟨http://www.gbv.de/dms/zbw/570873428.pdf⟩, ISBN 9783899841671

Schulte, Karl-Werner et al.: Handbuch Immobilien-Investition. 2. Auflage. Köln: Immobilien Informationsverl., 2005, Immobilien-Wissen ⟨http://www.gbv.de/dms/hbz/toc/ht014206138.pdf⟩, ISBN 3899841212

Schulte, Karl-Werner/Fischer, Carsten: Handbuch Immobilien-Projektentwicklung. 2. Auflage. Köln: Müller, 2002,

Immobilien-Wissen, ISBN 3932687698

Schulte, Karl-Werner/Thomas, Matthias: Handbuch Immobilien-Portfoliomanagement. Köln: Immobilien-Manager-Verl., 2007, Immobilienfachwissen, ISBN 9783899841367

Schulz, Werner F.: Megatrend Nachhaltigkeit: Marktpotenziale von LOHAS & Co. Hohenheim, 25.2.2008 ⟨https://umho.u ni-hohenheim.de/fileadmin/einrichtungen/umho/Aktuel le_Publikationen/Megatrend_Nachhaltigkeit_-_Marktpoten ziale_von_LOHAS___Co._-_25._April_2008.pdf⟩

Schürt, Alexander: Synopse Immobilienpreisbeobachtung in Deutschland 2010: Anforderungen – Datengrundlagen – Verfahren – Produkte. Bonn, 2010 ⟨http://www.bbsr.bund.de/nn_23582/BBSR/DE/Vero effentlichungen/BBSROnline/2010/ON012010.html⟩

Schwanke, Karsten et al.: Naturkatastrophen: Wirbelstürme, Beben, Vulkanausbrüche – Entfesselte Gewalten und ihre Folgen. Berlin, Heidelberg, 2009 ⟨http://dx.doi.org/10.1007/9 78-3-540-88686-0⟩

Schwatlo, Winfried: Entscheidungsquantifizierung von Investitionen in Gewerbeimmobilien. Mensch & Buch, 2003, ISBN 3898204847

Siebert, Horst/Lorz, Oliver: Einführung in die Volkswirtschaftslehre. 15. Auflage. Stuttgart: Kohlhammer, 2007, /W ⟨http://www.gbv.de/dms/ilmenau/toc/512634793.PDF⟩, ISBN 9783170194373

Statistisches Bundesamt: Bevölkerung Deutschlands bis 2060: 12. koordinierte Bevölkerungsvorausberechnung: Begleitmaterial zur Pressekonferenz am 18 November 2009 in Berlin. Wiesbaden, 18.11.2009 ⟨http://www.destatis.de/jetspeed/portal/cms/Sites/destatis/Internet/DE/Presse/pk/2009/Bevoelkerung/pressebrosc huere__bevoelkerungsentwicklung2009,property=file.pdf⟩

Steffen, Gabriele/Baumann, Dorothee/Betz, Fabian: Integration und Nutzungsvielfalt im Stadtquartier: EVALO, Eröffnung von Anpassungsfähigkeit für lebendige Orte; Verbundprojekt im Forschungsprogramm „Bauen und Wohnen im 21. Jahrhundert" des Bundesministeriums für Bildung und Forschung (BMBF). Norderstedt: Books on Demand, 2004, ISBN 3833420537

Steinmann, Horst/Schreyögg, Georg: Management: Grundlagen der Unternehmensführung; Konzepte, Funktionen und Praxisfälle. 2. Auflage. Wiesbaden: Gabler, 1991, Gabler-Lehrbuch, ISBN 3409233121

Stock, Alexandra: Risikomanagement im Rahmen des Immobilien-Portfoliomanagements institutioneller Investoren. Köln: Immobilien Manager-Verl. IMV, 2009 ⟨http://www.gbv.de/dms/zbw/60854180X.pdf⟩, ISBN 9783899842289

Strunkheide, Nicole: Optimierung von Portfolios international investierender Immobilienfonds. 1. Auflage. Frankfurt am Main: Bankakad.-Verl., 2004, Diskussionsbeiträge zur Bankbetriebslehre, ISBN 3937519041

Trotz, Raymond/Bärwald, Dieter: Property and Market Rating: A Practical Tool of Property Analysis. Köln: Müller, 2004, ISBN 3899841115

Umweltbundesamt: Wirkung der Meseberger Beschlüsse vom 23.08.2007 auf die Treibhausgasemission in Deutschland im Jahr 2020. Dessau, 2007 ⟨http://www.bmu.de/files/pdfs/al lgemein/application/pdf/uba_hintergrund_meseberg.pdf⟩

UNEP FI: UNEP-Erklärung der Finanzinstitute zur Umwelt und zur nachhaltigen Entwicklung: Revidierte Fassung vom Mai 1997. ⟨http://www.unepfi.org/fileadmin/statements/fi/fi_statement_de.pdf⟩

UNEP FI: Building responsible property portfolios: A review of current practice by UNEP FI and PRI signatories. 2008 ⟨http://www.unepfi.org/fileadmin/documents/build ing_responsible_property_portfolios.pdf⟩

United Nations: Principles and Recommendations for Population and Housing Censuses. New York, 1997 ⟨http:/www.un.or g/depts/unsd⟩

Urschel, Oliver: Risikomanagement in der Immobilienwirtschaft: Ein Beitrag zur Verbesserung der Risikoanalyse und -bewertung: Inst. für Technologie, Diss. Karlsruhe, 2009. Band Bd. 4, Karlsruher Schriften zur Bau-, Wohnungs- und Immobilienwirtschaft. Karlsruhe: KIT Scientific Publ., 2010 ⟨http://paperc.de/9433-risikomanagement-in-der-immobilienwirtschaft-9783866444928⟩, ISBN 9783866444928

Verband Deutscher Pfandbriefbanken: Beleihungswertermittlungsverordnung – mehr Transparenz in der Wertermittlung. 2006 ⟨http://www.pfandbrief.de/d/internet.nsf/0/8656A5 BD71403BB1C12575B30046F883/$FILE/vdp_IM_08.2006.pd f⟩

Verein deutscher Ingenieure: Schallschutz von Wohnungen – Kriterien für Planung und Beurteilung: VDI 4100. August

2007 ⟨http://www.vdi.de/401.0.html?&no_cache=1&tx_vdi rili_pi2[showUID]=91271&L=0⟩

Viering, Markus G./Kochendörfer, Bernd/Liebchen, Jens H.: Managementleistungen im Lebenszyklus von Immobilien. Wiesbaden: B.G. Teubner Verlag / GWV Fachverlage GmbH Wiesbaden, 2007 ⟨http://dx.doi.org/10.1007/978-3-8351-9 089-4⟩, ISBN 9783519005285

VÖB: VÖB – ImmobilienAnalyse: Instrument zur Beurteilung des Chance- /Risikoprofils von Immobilien. September 2006 ⟨http://www.voeb.de/de/publikationen/fachpublika tionen/publikation_immoanalyse.pdf⟩

Voigtländer, Michael: Immobilien Monitor. Köln, 2008 ⟨http://www.iwkoeln.de/Portals/0/PDF/immobilien oekonomik_03_2008.pdf⟩

Weber, Andreas/Klingholz, Reiner: Demografischer Wandel: Ein Politikvorschlag unter besonderer Berücksichtigung der neuen Länder. Berlin, Juni 2009 ⟨http://www.berlin-institut.org/fileadmin/user_uplo ad/Studien/Demografischer_Wandel.pdf⟩

Wellner, Kristin: Entwicklung eines Immobilien-Portfolio-Management-Systems: Zur Optimierung von Rendite-Risiko-Profilen diversifizierter Immobilien-Portfolios: Diss. Leipzig, 2002. Band 3, Reihe. Norderstedt: Books on Demand, 2003, ISBN 3833001127

Wetzel, Claudia/Pelzl, Wolfgang: Konzeption eines Risikomanagementsystems für die Assetklasse Immobilien im Portfolio eines Versicherungsunternehmens: Diss. Leipzig, 2009. Band 13, Immobilienmanagement. Norderstedt: Books on

Demand, 2010 ⟨http://www.gbv.de/dms/zbw/620454296.pdf⟩, ISBN 9783839152980

Wiedenmann, Markus: Risikomanagement bei der Immobilien-Projektentwicklung unter besonderer Berücksichtigung der Risikoanalyse und Risikoquantifizierung: Diss. Leipzig, 2004. Band 8, Dissertation / ISB, Institut für Stadtentwicklung und Bauwirtschaft, Universität Leipzig. Norderstedt: Books on Demand, 2005 ⟨http://www.gbv.de/dms/hbz/toc/ht014665782.pdf⟩, ISBN 3833433485

Wolke, Thomas: Risikomanagement. 2. Auflage. München: Oldenbourg, 2009 ⟨http://www.oldenbourg-link.de/isbn/9783486587142⟩, ISBN 9783486592542

Wossidlo, Peter Rütger: Unternehmenswirtschaftliche Reservierung: Eine realtheoretische und praxeologische Untersuchung. Berlin: Duncker & Humblot, 1970, Betriebswirtschaftliche Forschungsergebnisse

Wuchert, Franziska: Kreditwirtschaftliche Immobilienbewertung: Probleme bei der Beleihungswertermittlung auf Grundlage von angelsächsischen Marktwertgutachten. GRIN Verlag, 2008, ISBN 3640206460

Wüstefeld, Hermann: Risiko und Rendite von Immobilieninvestments. Frankfurt am Main: Knapp, 2000, ISBN 3781906531

Karlsruher Schriften zur
Bau-, Wohnungs- und Immobilienwirtschaft
(ISSN 1863-8694)

Herausgeber: Prof. Dr.-Ing. habil. Thomas Lützkendorf

Die Bände sind unter www.ksp.kit.edu als PDF frei verfügbar oder
als Druckausgabe bestellbar.